김현아의
배우화술

김현아의 배우화술

초 판 1쇄 발행 2015년 3월 16일
수정판 1쇄 발행 2016년 3월 16일
수정판 3쇄 발행 2022년 8월 31일

지은이 | 김현아

펴낸곳 | (주)태학사
등록 | 제406-2020-000008호
주소 | 경기도 파주시 광인사길 217
전화 | 031-955-7580
전송 | 031-955-0910
전자우편 | thspub@daum.net
홈페이지 | www.thaehaksa.com

값 14,000원
ISBN 978-89-5966-675-1 (93680)

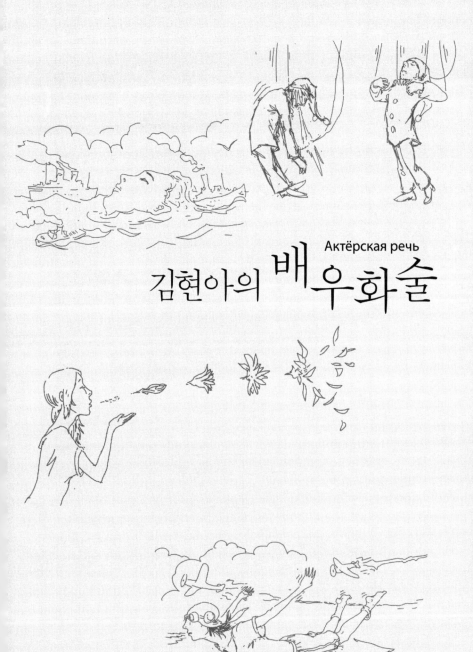

Актёрская речь

김현아의 배우화술

태학사

머리말

현재 배우화술에 관련된 서적은 배우를 지망하고자 하는 이들의 수에 비해 턱없이 부족하다. 저자는 유민영 은사님의 권유로 한국에서 연극영화학과를 졸업한 뒤, 러시아로 유학을 가게 되었다. 구소련의 개방 후인, 1996년 제정러시아의 수도 상트페테르부르크의 국립 연극원(현 Russia State Institute of Performing Arts; Российский государственный институт сценических искусств 구 СПБГАТИ) 연기&연출학과(Master; G.M. Kozlov)에 입학하게 되었다. 18세이면 대학생이 될 수 있는 러시아 학생들에 비해 연출학과 학생들은 다소 나이가 많았다. 어렵고 부족한 러시아어 때문에 고군분투하며 수업을 들었다. 스타니슬랍스키 시스템에 입각한 실기교육을 기초부터 배우기 시작하였는데, 저자는 그 당시 모든 학생이 알고 있는 '에튜드(этюд)'라는 개념조차 몰랐다. '에튜드'의 사전적 의미는 '습작'이다. 연극교육에서의 '에튜드'란, 사건과 갈등, 장애물, 관통하는 행위, 파트너와의 관계, 놀이, 편안함, 자유, 분위기, 전제되는 상황, 어디에서 오고 어디로 가는지, 목표, 나타내고자 하는 주제, 줄거리 등을 습작을 통해 훈련하는 것을 말한다. 극(Drama)을 구성하는 요소들이 '에튜드'에 유기적으로 드러나도록 훈련하는 방식이다. 소설을 소재로 하는 '장면 만들기(отрывок)' 역시 극을 훈련하는 방식이다. 지금의 많은 한국학생들은 '에튜드'의 뜻과 개념을 알고 있지만, 그 당시 저자에게는 무척 생소한 것이었다. 왜 장애물들을 만들어야 하는지, 왜 꼭 만들어야 하는지, 어떻게 만들어야 하는지를 몰랐다. 장면을 나누고, 동작을 만들고, 행위를 연결하고 표현하여 관객에게 이해되도록 만들어야 했다. '어떠한 사건과 갈등'을 자세하고 섬세하게 창조하고 만들어야 하는 작업들은 때때로 고통스럽기까지 했다. 저자가 모스크바의 메이어홀드센터에서 활동하게 된 계기도 우연히 전공수업에 참관한 연출가 포킨(V. Fokin)이 저자의 '에튜드' 발표를 눈여겨본 것에서 비롯되었다. 연기를 알아야 연출을 할 수 있다는 러시아의 교육원리 때문에 대다수의 연출과 학생들은 기본적으로 연기과를 졸업했거나 적어도 1, 2학년의 연기과정을 이수한 학생들이 입학을 한다. 아니면, 재능이 굉장히 뛰어나던지······.

전공 관련 수업 중에서 저자에게 가장 인상 깊었던 과목은 바로 '화술'이었다. 러시아의 연극대학 연기과, 4년 8학기의 교육프로그램 중에서 매 학기마다 수업이 있는 과목은 전공(연기)과 화술(Сценическая Речь) 2개의 과목뿐이다. 화술과목은 1주일에 2시간씩 2회(총 4시간), 그리고 개인레슨이 주어진다. 저자는 한국에서 4년 동안 겨우 1학기 (1주일에 2시간)의 화술수업을 받았다. 러시아는 화술교육을 매우 중요시 여긴다. 비단 러시아뿐만은 아닐 것이다. 영국과 유럽, 미국도 동일하다. 러시아가 화술교육을 중요시 여기기 때문에 배우들이 고전극부터 현대극까지 다양하게 깊이 있는 언어를 구사할 수 있게 된다. 그것이 결국 배우예술의 능력이 아닐까? 저자는 이러한 화술교육에 큰 도전을 받았다. 여중 시절 응원단장을 맡고, 여고 시절 연극부 단장을 맡아 신입생들의 발성을 훈련시켰기에 큰 소리로 말하는 것만큼은 자신 있었다. 그러나 배우의 화술이란 큰 소리를 내는 발성이 전부가 아니었다. 배우의 화술은 예술적으로 독립된 하나의 분야였다. 연기에 조금 도움이 되는 훈련이 아니라, 절대적으로 요구되는 교육이었다. 한국에서 연기과 학생들이 생각하는 것 이상으로 중요한 훈련이었다. 저자는 '아! 바로 이거다'라는 생각을 하게 되었다. 발레나 오페라, 음악 등은 외국의 탁월한 전문인의 지도가 가능하다. 표현하는 매체가 서로 소통되는 어떠한 형식을 갖고 있기 때문이다. 그러나 '화술'만큼은 다르다. 한국말로 표현해야 하는 배우의 화술은 외국의 저명한 화술지도자가 지도해 줄 수 없다. 발성 상태나 훈련방법 등은 제시할 수 있겠으나, 한국어의 자음과 모음 음가, 발음, 문장이 지니는 의미, 한국어의 의미적 표현들은 지도할 수 없다. 셰익스피어가 살아와도 지도할 수 없다. 저자가 러시아어로 체홉의 인물을 연기한다면 어떤 한국 화술지도자가 나의 러시아어 화술을 지도할 수 있겠는가 하는 말이다. 그래서 저자는 연기·연출 과정을 졸업하고 박사과정에 입학하여 '화술'을 주제로 논문을 쓰게 된 것이다. 서점에는 이미 좋은 화술 서적들이 출판되어 있다. 그러나 배우의 길을 걷고자 하는 이들이 늘어나는 이 시기에 더 많은 방법들이 모색되고, 제시되고, 제안되어야 하는 것이 먼저 이 길을 걸어가는 자들이 해야할 일이 아닌가 싶다. 그래서 이 일에 동참하고자 부족하나마 화술 서적을 출간하고자 한다. 발성과 발음을 위한 음절조합, 단문장, 복문장, 짧은 시, 동시, 이야기 등을 파트너와 교감하면서 훈련하도록 집필하였다. 한국에서는 다소 생소한 '문학작품을 소리내어 표현하는 학습법(oral interpretation)'에 관하여는 부록 「연기학과에서 화술교육 방법 및 소재 제안」에서 잠깐 언급하였다. 성격 급한 학생들은 문학 작품으로 훈련하는 방식을 그다지 좋아하지 않는다. 그러나 이 방식은 배우화술에 있어서 아주 중요한 훈련이다. 이번 책에서 깊이 있게 다루지는 못하였으나 화술훈련에 있어서 아주 중요한 과정임을 다시 강조하고자 한다.

끝으로, 나의 연극적 정신 기반을 만들어 주신 코즐로프(G.M. Kozlov),

배우화술의 깊이와 기술을 지도해주신 키릴로바(E.I. Kirillova), 친구같이 대해 주신 故 아기발로프(A.K. Agivalov), 그리고 메이어홀드센터 (Meyerhold Center, ЦИМ)에 초청하여 준 포킨(V. Fokin, 현 Alexandrinsky Theatre 예술감독)과 젊은 나이에 홀로 세 자녀를 키우신 친정어머니, 사랑하는 남편, 두 아이 그리고 태학사 지현구 사장님께 감사하다는 말을 전하고자 한다.

2015년 2월
김 현 아

차 례

제2부 배우를 위한 화술훈련

제1부 화술과 한국어

배우는 무대 위에
모든 무기를 동원하여 등장해야 한다.
특히, 배우의 소리는
창조예술을 만드는 데에
아주 중요한 무기이다.
— Kontantin Stanislavsky

1. 배우의 화술

감성이 결여된 예술은 존재하지 않는다. 예술은 지성만을 향해 움직이지 않는다. 예술에서의 **감성**이란 인간의 느낌, 감정, 정신, 심리 상태에 대하여 이야기하고 있으며, 지성적, 미학적, 정신적인 면에서 영향력을 발휘하고 있다. 우리는 예술에서의 감성을 **현명하고 재능있는 감성**이라 불러야 할 것이다. 예술에서의 **소리**는 거대한 역할을 담당한다. **소리**에는 놀라운 능력이 있다. 소리는 섬세하고 날카롭게 **감성**을 전달한다. 소리는 **안내자**이다. 소리는 사람을 이해시키고, 인간의 마음을 따뜻하게 만들고, 인간을 강하게 만드는 **불가항력적 힘**이 있다. 사람의 소리는 마치 다양한 악기들을 합한 오케스트라와 같다. 오케스트라에는 화성이 있고 표현력이 있다. 역동적이면서도 섬세하다. 오케스트라는 인생의 가장 깊은 내면을 표현할 수 있다. 오케스트라는 사람의 생각과 느낌을 쉽고 아름답게 전할 수 있다. 소리에는 강력한 힘이 존재하기 때문이다.

배우의 (목)소리는 **3가지의 언어적 기능**을 담당하고 있다.

첫째, 공연을 통해 작품이 무엇을 이야기 하는지 **들리게** 한다.
둘째, 소리의 외형적 표현과 억양을 통해 주인공의 생각을 **이해하게** 한다.
셋째, 무대 위에서 연기하고 있는 등장인물들의 감정을 **추측하게** 한다.

배우의 소리는 억양과 고저, 의미적 휴지, 휴지의 길이, 소리의 확대, 템포와 리듬, 언어적 변화, 음색의 특징, 톤의 변화 등을 통하여 등장인물의 이미지를 관객에게 형상화시킨다. 배우의 소리는 작가의 생각을 관객에게 전달한다. 배우의 소리는 배우 안에서 살아가고 있는 주인공을 관객에게 접촉하게 한다. 배우의 소리는 활자로 된 언어를 눈에 보이게 만들며 느낌, 고통, 감정, 사건, 갈등, 세계관, 본질뿐 아니라 하늘, 바다, 강, 산과 같은 자연현상도 전달한다. 배우의 소리는 작품의 출발점이 되기도 한다.

요즘, 극장관계자들이 어려움을 토로하는 것 중의 하나가 바로 배우 화술에 관한 문제이다. 훈련되지 못한 배우의 소리 때문에 고충을 겪고 있다는 것이다. 배우는 소리를 통하여 등장인물을 외적, 내적으로 전달한다. 그러나 소리훈련이 이루어지지 않은 배우는 등장인물을 제대로 전달하지 못할 뿐 아니라 작품을 손상시키기까지 한다. 배우들은 이러한 지적을 겸허히 인정해야만 한다.

한국의 서양연극은 공연이 아닌 드라마투르그로부터 시작되었다. 서양희곡이 외국문학서적으로 한국에 소개되었기 때문에 공연을 위한 실질적인 실기시스템이 자리 잡히지 못하였다. 연극계의 스승이며 배우시스템을 만든 스타니슬랍스키[1]는 그의 작업과 저서를 통해 배우화술의 중요성을 다각도로 강조하고 있다.

---

1 스타니슬랍스키(1863~1938) : 러시아의 배우이자 연출가이고 연극교육가이다. 그는 네미로비치 단첸코(N.I. Nemirovich-Danchenko)와 함께 모스크바 예술극장(Moscow Art Theater)을 창립하였다.

배우의 화술은 예술 그 자체이다. 배우의 화술은 강도 있는 훈련과 깊이 있는 교육(화술훈련의 비밀)을 반드시 거쳐야 한다.

스타니슬랍스키는 "배우훈련의 기억이란, 당신들의 머리 속이 아닌 **근육** 속에 남게 하는 것"이라고 하였다. 그는 배우훈련의 중요성을 강조하면서 배우화술 역시 훈련 없이는 이루어질 수 없다고 하였다. 그는 배우화술도 체계적인 **화술훈련시스템**을 통하여 훈련되어야 한다고 했다. 스타니슬랍스키는 창의적이고 미학적인 배우화술은 크고 작은 **의식**(consciousness)에서부터 출발해야 한다고 하면서, '의식적인 생각'과 '훈련'을 강조하였다. 또한, 러시아 말리드라마극장[2]의 화술지도자인 갈렌제예프[3]는 이렇게 말하였다.

배우의 화술이란, 내면과 외면의 기술들을 형상화시키는 길을 찾는 데 있다.

배우화술은 무대 위에서의 발성과 발음, 텍스트 훈련을 기본으로 한다. 이렇게 훈련된 배우는 공연분야뿐 아니라, 영상분야에서도 매체의 이해를 통해 폭 넓게 활동할 수 있다.

---

2 말리드라마극장(Академический Малый Драматический Театр - Театр Европы)은 러시아, 상트페테르부르크 소재의 극장으로 1944년에 창립되었다. 레프 도진(Lev Dogin, 1944~)은 1983년부터 말리드라마극장의 연출가로 활동하기 시작하였고, 현재는 극장장 겸 예술감독으로 극단을 대표하고 있다. 말리드라마극장은 명실공히 러시아를 대표하는 세계적인 극단이다.

3 발레리 갈렌제예프(Valery Galendeev, 1946~) : Saint Petersburg State Academy of Theatre Arts(СПБГАТИ)의 화술 학과장이며, 레프 도진이 이끄는 말리드라마극장의 화술지도자이다. 국제적인 배우화술 마스터 클라스를 주관하는 저명한 화술지도자이다.

1) 배우화술 훈련의 목적과 방법

배우화술을 훈련하는 목적과 방법은 다음과 같다.

1. 연기자의 전문적인 언어 발전을 위하여 **소리기관의 기능**을 최대한 활용한다.
2. **감정적, 의미적, 소리적 언어**를 통해 연기에 대한 이해를 높인다.
3. 연기훈련에 도움을 주는 **심리적, 신체적 발전**을 목적으로 하며, **연계적인** 기술훈련이 되도록 한다.
4. 배우에게서 **상상력**을 이끌어 낸다.
5. 동시, 시, 동화, 문학작품, 희곡 등의 소재를 **단계별**로 제한시켜 훈련한다. 소리, 언어, 리듬, 율동적인 움직임을 **동시다발적, 단계적**으로 훈련한다.
6. **놀이**를 통하여 훈련한다. **훈련의 목적과 행동 숙지의 상호작용** 속에서 소리기술을 훈련시킨다.
7. 놀이훈련의 **논리**를 익히고 **상황을 만드는 방법**을 습득한다. 단순한 놀이가 아닌 놀이를 통한 **간접적인** 훈련이 되도록 한다.
8. 개개인이 지닌 **개별적인 소리**가 훈련되도록 한다.

배우화술은 아래와 같이 다양하게 불리고 있다.

- 발성과 화술(Voice & Speech)
- 화술 또는 무대화술(Speech or Speech for the Stage)
- 호흡과 화술(Breathing & Speaking)
- 배우를 위한 발성훈련(Voice Training for Actors)
- 문학작품을 소리내어 표현하는 학습법(Oral Interpretation)

- 방송을 위한 발성훈련(Voice Training for Broadcasting)
- 호흡과 발성(Breathing & Voice)
- 발성과 발음(Voice & Diction)

　배우의 화술훈련은 흔히 소리와 호흡을 만드는 노래훈련에 비유하기도 한다. 그러나 드라마배우는 드라마가 지닌 언어 소리가 훈련되어야 한다. 전문적인 배우는 **전문적인 언어습관**이 동반되어야 한다. 이미 완벽한 **화술훈련법**이 존재하고 있는 것은 아니다. 배우를 탄생시키기 위한 과학적이고, 현대적인 화술훈련법들은 아직도 부족하다. 필자의 이 책은 부족한 배우화술에 도움이 되고자 집필된 훈련책이다. 이 책에 제시되고 있는 화술훈련법들은 스타니슬랍스키 연기시스템과 일맥상통한다. 스타니슬랍스키는 **스튜디오적인 방법**과 **통합적인 방법**에 의하여 배우를 훈련시킨다. '스튜디오적인 방식'이란 훈련하는 사람들이 스튜디오라고 하는 작업공간 안에서 서로 상호작용하면서 그 과정에서 훈련하는 것을 말하고, '통합적인 방식'이란 다양한 방법들과 표현들을 동시에 그리고 복합적으로 훈련하는 것을 말한다. 화술훈련도 이 방식에 의거하여 소그룹 또는 교육기관(예를 들어, 예술대학 연기학과)에서 서로 상호작용하면서 훈련할 수 있다.

　필자는 이 책에서 '배우화술이란 무엇인가'라는 이론보다는 '**어떻게 훈련할 것인가**'를 제시하고자 한다. 다양한 예들을 통하여 실질적이면서 구체적인 훈련이 되도록 제안하고 있다.

2) 배우화술 훈련의 구조

　배우훈련은 크게 '연기', '화술', '움직임'으로 분류하여 설명할 수 있으며, 대부분의 배우훈련 교육구조는 아래와 같다.

표를 살펴보면, 배우를 훈련시키는 각 요소들(연기, 화술, 움직임)은 **일방적인 방향으로** 진행되어 있다. 배우를 훈련시키는 다른 요소들이 **왜 존재하는지, 어떤 관계 속에서 존재하는지**를 알 수 없다. 왜냐하면 각 요소들이 서로 독립적으로 존재하기 때문이다. '화술'이 '연기'와 '움직임'에 서로 연계되어 있지 않기 때문이다. 이러한 화술은 일반적인 화술일 뿐, 배우의 역할 창조에 도움을 줄 수가 없다.

배우훈련의 요소들은 다음과 같이 서로 상호작용 되어야 한다.

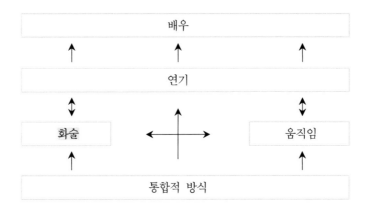

화술이 연기와 움직임에 서로 연계되어 있어야 한다.

연 기(내적 상태)	
화　술	움 직 임

즉, 아래와 같다.

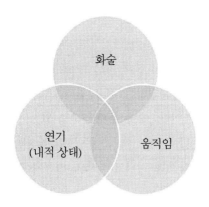

배우화술은 연기(내적 상태=심리 상태)와 움직임에 공존되어야
한다. 훈련생들은 화술이 다른 요소와 많든 적든 끊임없이 의식
(consciousness) 안에서 상호작용하도록 훈련해야만 한다.

2. 한국어

배우는 모국어를 사용하여 연기한다. 배우는 그 나라의 표준말을 정확히 사용할 수 있어야 한다. 배우는 표준말에 의거한 표준발음법 (정음법)을 사용하여 훈련하는 것을 원칙으로 한다.

한국어의 표준말이란, 오늘날 사용하고 있는 서울말을 중심어로 한 현대어를 말한다. 1988년에 공식적으로 제정된 표준어에 따르면 한국어는 40개의 음소를 지니고 있으며 19개의 자음과 21개의 모음으로 이루어져 있다.

- 자음 19개

ㄱ, ㄲ, ㄴ, ㄷ, ㄸ, ㄹ, ㅁ, ㅂ, ㅃ, ㅅ, ㅆ, ㅇ, ㅈ, ㅉ, ㅊ, ㅋ, ㅌ, ㅍ, ㅎ

- 모음 21개

ㅏ, ㅐ, ㅑ, ㅒ, ㅓ, ㅔ, ㅕ, ㅖ, ㅗ, ㅘ, ㅙ, ㅚ, ㅛ, ㅜ, ㅝ, ㅞ, ㅟ, ㅠ, ㅡ, ㅢ, ㅣ

- ㅏ, ㅐ, ㅓ, ㅡ, ㅔ, ㅗ, ㅚ, ㅜ, ㅟ, ㅢ는 단모음으로 발음한다. 단, ㅚ, ㅟ는 이중모음으로 발음할 수 있다.
- ㅑ, ㅒ, ㅕ, ㅖ, ㅘ, ㅙ, ㅛ, ㅝ, ㅞ, ㅠ, ㅢ는 이중모음으로 발음한다.

1) 모음

모음이란, 성대의 진동을 받은 소리가 목구멍, 입, 코와 같은 조음기관을 통과할 때 그 길이 좁아지거나 막힘을 받지 않고 나는 소리이다. 한국어의 모음은 **단순모음**(또는 단모음)과 **이중모음**(또는 복모음)으로 나뉜다. 이것은 소리의 성질에 따른 분류이다. 소리를 냈을 때에 처음과 끝이 같으면 **단순모음**이라 하고, 그 끝이 다르면 **이중모음**이라 한다. 이중모음이란 2개 이상의 소리가 나는 것을 말한다.

21개의 모음 중에서 학자들마다 단순모음을 8개 또는 9개, 10개로 각각 분류하고 있다. 모음 [ㅓ]와 [ㅚ]는 학자들마다 의견 차이를 보이는데, 대표적으로 언어학자 허웅은 단순모음을 10개로, 최현배는 9개로, 이현복은 8개로 규정하고 있다.

언어학자 허웅[4]은 **단순모음**을 **홑홀소리**라 부르며, 그 수를 10개로 정의하고 있다. **이중모음**은 **겹홀소리**라고도 한다. 허웅은 **홀소리**를 1) 입술 모양(둥근, 안 둥근 소리), 2) 공깃길, 즉 혀의 높낮이(높은, 가운데, 낮은 소리), 3) 자리(앞, 뒤 소리)에 따라 분류하였다. 소리를 낼 때에 음성기관의 일정한 위치에 머물러 있으면 **홑홀소리**로, 음성기관이 움직이게 되면 **겹홀소리**라고 한다.

---

4 허웅, 『국어음운학』, 샘문화사, 1999, 220면.

다음의 표를 보면 쉽게 알 수 있다.

허웅의 '단모음소리의 조직'

자리 / 입술 공깃길	앞 소 리		뒷 소 리	
	안 둥근 소리	둥근 소리	안 둥근 소리	둥근 소리
높은 소리	ㅣ	ㅟ	ㅡ	ㅜ
가운데 소리	ㅔ	ㅚ	ㅓ	ㅗ
낮은 소리	ㅐ		ㅏ	

허웅은 위치, 자리, 형태에 따라 10개의 단순모음 ㅏ[a], ㅓ[ə], ㅗ
[o], ㅜ[u], ㅡ[ï], ㅣ[i], ㅐ[ɛ], ㅔ[e], ㅚ[we], ㅟ[wi]를 아래와 같이 대립
관계의 구조로 나타내고 있다.

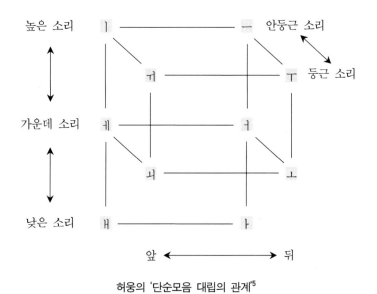

허웅의 '단순모음 대립의 관계'[5]

언어학자 최현배[6]는 단순모음을 ㅏ[a], ㅓ[ə], ㅗ[o], ㅜ[u], ㅡ[ï], ㅣ[i],

ㅐ[ɛ], ㅔ[e], ㅚ[we] 9개로 구분 지었다. 그는 ㅟ[wi]를 이중모음으로 분류하고 있다.

언어학자 이현복은 ㅏ[a], ㅓ[ə], ㅗ[o], ㅜ[u], ㅡ[ɨ], ㅣ[i], ㅐ[ɛ], ㅔ[e] 의 8개만을 단순모음으로 규정하였다. [ㅚ]와 [ㅟ]는 이중모음으로 취급하였다. 아래의 표를 통해 이현복은 8개의 단순모음을 '모음 사각도상의 한국어 표준음가'로 보여 주고 있다.

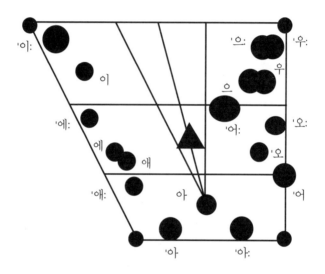

모음 사각도상의 한국어 표준 음가[7]

위의 표를 살펴보면 8개의 단모음은 소리를 길게 낼 때와 짧게 낼 때의 소리 위치에 차이가 있다. 같은 음가라 하더라도 장음과 단음의

5 허웅, 앞의 책, 220면.
6 최현배, 『우리말본』, 정음사, 1999, 56면.
7 『오늘의 무대화술』(화술자료집 3), 한국예술종합학교 연극원 연기과, 111면.

위치는 서로 다르다. 장음을 살펴보자. 모음 [이:]와 [으:], [우:]는 높은 음가의 위치에 자리하고 있다. 모음 [에:]와 [오:]는 중간 윗부분에, 모음 [애:]는 중간 아랫부분에, 모음 [어:]는 [오:]보다 앞자리에, 모음 [아:]는 낮은 자리에 위치하고 있다. 모음 사각도 표를 단순화시키면 아래와 같은 구조의 형태를 갖는다.

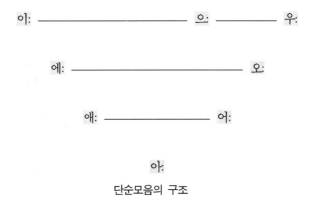

단순모음의 구조

필자는 이러한 '단순모음의 구조'를 활용하여 배우의 발성과 발음을 위한 소리조합, 음절조합을 만들어 갈 것이다. 필자는 언어학자 이현복의 8개 단순모음(또는 **단모음**이라 칭한다)과 단순모음의 구조를 적극적으로 지지하는 바이다. 단순모음의 구조는 앞으로 이 책에서 배우화술을 훈련시키는 중요한 **소릿길**로 작용될 것이다.

2) 자음

자음은 공기의 흐름이 입안의 어떤 자리에서 **막음**, 즉 **장애**를 입는 소리를 말한다. 허파에서 올라오는 공기가 목청을 지나 구강(입안)의 특정 부분의 좁아짐과 막힘의 방해를 받아 생기는 소리이다. 목청의 진동 유무에 따라 크게는 **유성자음**(울림소리; 공명)과 **무성자음**(안울림소리; 장애물)으로 나누고, 소리 내는 방법에 따라 파열음, 파찰음, 마찰음, 비음, 유음으로 분류시킨다.

소리내는 방법 \ 소리내는 자리			두 입술	윗잇몸 혓바닥	경구개 혓바닥	연구개 뒤 혀	목청 사이
안 울림 소 리 (장애물)	파열음	예사소리	ㅂ [b]	ㄷ [d]		ㄱ [g]	
		된소리	ㅃ [p']	ㄸ [t']		ㄲ [k']	
		거센소리	ㅍ [ph]	ㅌ [th]		ㅋ [kh]	
	파찰음	예사소리			ㅈ [dʒ]		
		된소리			ㅉ [tʃ']		
		거센소리			ㅊ [tʃh]		
	마찰음	예사소리		ㅅ [s]			ㅎ [h]
		된소리		ㅆ [s']			
울림소리 (공명)	비음		ㅁ [m]	ㄴ [n]		ㅇ [ŋ]	
	유음			ㄹ [r, l]			

19개의 자음[ㄱ, ㄲ, ㄴ, ㄷ, ㄸ, ㄹ, ㅁ, ㅂ, ㅃ, ㅅ, ㅆ, ㅇ, ㅈ, ㅉ, ㅊ, ㅋ, ㅌ, ㅍ, ㅎ]은 조음 방법에 따라 다음과 같이 분류한다.

1) **파열음**; [ㄱ, ㄲ, ㅋ, ㄷ, ㄸ, ㅌ, ㅂ, ㅃ, ㅍ]은 허파에서 나오는 공기를 일단 막았다가 터뜨려서 내는 소리이다.

2) **마찰음**; [ㅅ, ㅆ, ㅎ]은 입 안이나 목청 사이의 통로를 아주 좁혀 날숨이 그 사이를 간신히 비집고 나오면서 마찰하여 내는 소리이다.

3) **파찰음**; [ㅈ, ㅉ, ㅊ]은 처음에는 파열음으로, 나중에는 마찰음으로 나는 두 가지의 성질을 갖는 소리이다.

4) **비음**; [ㄴ, ㅁ, ㅇ]은 입 안의 통로를 막고 날숨을 코로 내보내면서 내는 소리이다.

5) **유음**; [ㄹ]은 혀끝을 잇몸에 가볍게 댔다가 떼거나, 혀끝을 윗잇몸에 댄 채 공기를 양 옆으로 날숨을 흘려보내면서 내는 소리이다.

3) 문장의 구조와 모음

한국어 문장구조를 간략히 살펴보자. 한국어 문장성분이 될 수 있는 말의 단위는 **단어**, **어절**, **구**(이은말), **절**(마디)이다. 말의 단위는 **음절**이나 **음운**까지 나눌 수 있다. **조사**는 반드시 **체언**(명사, 대명사, 수사)이나 **체언의 구실을 하는 말**에 붙어서 문장성분이 된다. 단독으로는 쓰일 수 없다. **조사**는 **체언**과 함께 하나의 **어절**이 된다.

모음, 자음을 사용하여 만들 수 있는 1음절의 형태는 다음과 같다.

1) 모음
2) 자음 + 모음
3) 모음 + 자음(자음)
4) 자음 + 모음 + 자음(자음)

예를 들면, 1)의 모음에는 [**아**], 2)의 자음 + 모음에는 [**가**], 3)의 모음 + 자음(자음)에는 [**안**], 또는 [**앓**], 4)의 자음 + 모음 + 자음(자음)에는 [**감**], 또는 [**갋**] 등으로 설명할 수 있다.

통사적으로 한국어는 **주어 + 목적어 + 동사**의 형태를 지니고 있다. 한 개의 문장은 **어절**과 **구**(이은말)로 나뉜다. **어절**이란 **계열관계**나 **통합관계**에 따라 마디를 짓는 단위를 일컫는다. 일상어는 이러한 마디들을 중심으로 끊어서 발음한다. 문장은 '**누가**', '**무엇을**', '**어찌하다**'라는 3개의 주된 성분으로 이루어져 있고 **주성분**과 **부속성분**이 있으며 주성분에는 **주어, 서술어, 목적어, 보어**가, 부속성분에는 **관형어**와 **부사어**가 있다. 주어는 **무엇이** 또는 **누가**에 해당하는 것으로, 주격 조사에는 [~가, ~이, ~께서, ~에서, ~는/은, ~되가 있다. 서술어는 주어에 대해서 그것이 **어찌한다, 어떠하다, 무엇이다**라는 것을 설명하는데 서술어의 종결어미에는 [~다, ~시다, ~해, ~해요, ~어요, ~해라, ~게, ~어라, ~세, ~자, ~까, ~가, ~네, ~구나, ~구면, ~니, ~냐] 등이 있다. 서술격조사에는 [~는~; 현재], [~었~; 과거], [~겠~; 미래]라는 시점이 있다. 목적어는 타동사에 의해 표현되는 **행위의 대상**을 가리키며, 목적격조사에는 [~을/를, ~ㄹ]이 있다. 주어, 서술어, 목적어 외에도 보어가 있는데, 보격조사에는 [~이/가, ~(으)로, ~와/과, ~에(게)]가 있다.

한국어의 많은 단어들은 2, 3음절로 이루어져 있다. 조사를 합하면 4, 5음절까지 늘어나기도 한다. 어절은 6, 7음절까지 늘어나기도 한다. '물이 깊다', '산이 푸르다', '하늘이 맑다', '불이 켜진다' 등의 문장들은 2, 3음절의 어절로 구성된 주부와 술부이다. 이 중에서 '물이 깊다'라는 문장을 살펴보자. '물이 깊다'라는 문장은 '물이'와 '깊다'라는 2개의 어절로 되어 있다. '물이'의 어절에는 [ㅜ]와 [ㅣ] 모음이, '깊다'에는 [ㅣ]와 [ㅏ] 모음이 사용된다. 한국어의 모든 음절은 이와 같이 모음을 동반하고 있다. 어떤 음절도 모음 없이는 이루어지지 않는다. 한국어의 특징 중의 하나가 바로 모음이 자음 수보다 많다는 것이다. 타언어에 비해 모음수가 많고 다양하다는 것은 언어의 표현이 풍부하다는 것을 뜻한다. 풍부한 한국어의 모음을 활용하여 배우의 음성 표현이 풍부해지도록 훈련하자.

3. 소릿길

필자는 배우의 음성훈련을 위해 8개의 단모음을 활용하여 단모음이 나가는 길인 **소리의 길**, 다시 말해 **소릿길**을 제안하고자 한다. 8개 단모음의 소릿길 순서는 이러하다. 모음 [우:]는 단모음 중에서 제일 뒤쪽에 위치하므로 첫소리로 택하였다. 제일 뒤에 자리한 [우:]를 첫소리로 택한 또 다른 이유는 '메가폰'의 원리처럼 성대에서 발생한 소리가 신체 밖으로 나가도록 방향성을 만들어주기 위해서이다. 발성기관 안에서 만들어진 소리가 날숨과 함께 밖으로 나가는 이미지를 주기 위해서이다. 뒤에서 2번째로 위치한 소리는 모음은 [오:]이다. 3번째로는 모음 [오:]와 가까이에 접해 있으면서 [오:]보다 앞에 위치한 모음 [어:]가 그 다음 순이고, 4번째로는 모음 [어:]와 같은 위치에 있으나, 소리 위치가 낮은 모음 [아:]가 그 다음 순서이다. 성대에서 발생한 소리는 점점 앞으로 나가는데, 5번째에는 모음 [애:]를, 6번째에는 모음 [에:]를, 7번째에는 모음 [이:]를 배열하였다. 모음 [이:]와 [우:]의 사이에 위치한 모음 [으:]는 끝소리로 정하였다.

정리하면 그 순서는 [ㅜ] → [ㅗ] → [ㅓ] → [ㅏ] → [ㅐ] → [ㅔ] → [ㅣ] → [ㅡ]이다. 이를 가리켜 필자는 **'단모음길'** 또는 **'소릿길(소리의 길)'**이라 칭한다.

[우] – [오] – [어] – [아] – [애] – [에] – [이] – [으]

이러한 '소릿길'은 반복적인 주기를 지니고 있으며 아래와 같다.

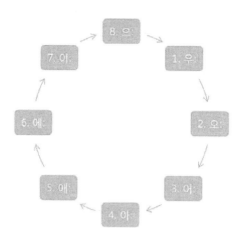

8개의 단모음으로 만든 소릿길은 앞으로 발성과 발음훈련에 실질적으로 활용될 것이다. 모음은 **소리를 전달하고**, 자음은 **뜻을 입힌다**. 소리가 전달되어야 뜻이 전달될 수 있다. 그러므로 자음보다 모음이 먼저 훈련되어야 할 것이다.

1) 모음과 소릿길

모음을 정확하게 발음하는 것은 굉장히 중요하다. 소릿길의 순서대로 단모음을 정확히 소리 내어 보자. 소릿길을 활용하여 호흡과 공명, 소리의 길이, 방향, 강약, 고저 등을 훈련하도록 하자.

소릿길과 **음절늘리기**를 통하여 아래의 순서대로 모음발음을 훈련하여 보자.

1. 정확히 말하기
2. 천천히 말하기
3. 이어서 말하기(연결하여 말하기)
4. (1, 2, 3이 훈련 된 후)빨리 말하기

정확한 입술 형태와 모음 음가를 항상 인지하도록 한다. 훈련을 시작하는 단계에서는 손거울을 항시 소지하여 본인의 입술 형태를 수시로 확인하면서 훈련해야 한다. 모음 공명이 풍성해지도록 훈련한다. 음절을 늘릴 때에는 소리 비율을 일정하게 유지시킨다. 소리훈련은 장음부터 시작한다. 발성근육, 호흡근육, 발음근육 등의 이완상태를 수시로 확인한다. 호흡길이와 소리길이를 비례시켜 훈련한다. 서두르지 않고 정확하게 훈련이 이루어지도록 집중한다.

이어서 말하기는 음절과 음절 사이를 잇는 소리훈련이다. 한 음절에서 다음 음절로 넘어가는 사이가 끊어지지 않도록 연결해야 한다. 음절이 늘어나도 음절과 음절 사이는 끊어지지 않아야 한다. 호흡의 불편함이 없어야 한다. 모음이 부드럽게 연결되어야 한다. 풍성한 울림이 유지되어야 한다. 속도를 높여 빨리 말할지라도 발음이 정확히 유지되어야 한다. 입술 형태와 아래턱의 열림 정도를 항상 인식하며 훈련해야 한다.

지금부터 소릿길을 활용하여 소리훈련을 할 것이다. 훈련이 자신의 것이 되도록 스스로 반복하여 훈련하도록 하자.

(모음 1음절)

- 우~ 오~ 어~ 아~ 애~ 에~ 이~ 으~

(모음 2음절)

- 우오~ 우어~ 우아~ 우애~ 우에~ 우이~ 우으~
- 오우~ 오어~ 오아~ 오애~ 오에~ 오이~ 오으~
- 어우~ 어오~ 어아~ 어애~ 어에~ 어이~ 어으~
- 아우~ 아오~ 아어~ 아애~ 아에~ 아이~ 아으~
- 애우~ 애오~ 애어~ 애아~ 애에~ 애이~ 애으~
- 이우~ 이오~ 이어~ 이아~ 이애~ 이에~ 이으~
- 으우~ 으오~ 으어~ 으아~ 으애~ 으에~ 으이~ ; (반복)

(모음 3음절)

- 우오어~ 우오아~ 우오애~ 우오에~ 우오이~ 우오으~
- 오우어~ 오우아~ 오우애~ 오우에~ 오우이~ 오우으~
- 어우오~ 어우아~ 어우애~ 어우에~ 어우이~ 어우으~
- 아우오~ 아우어~ 아우애~ 아우에~ 아우이~ 아우으~
- 애우오~ 애우어~ 애우아~ 애우에~ 애우이~ 애우으~
- 에우오~ 에우어~ 에우아~ 에우애~ 에우이~ 에우으~
- 이우오~ 이우어~ 이우아~ 이우애~ 이우에~ 이우으~
- 으우오~ 으우어~ 으우아~ 으우애~ 으우에~ 으우이~; (반복)

- 우오어~ 우어아~ 우아애~ 우애에~ 우에이~ 우이으~ 우으오~
- 오우어~ 오어아~ 오아애~ 오애에~ 오에이~ 오이으~ 오으우~
- 어우오~ 어오아~ 어아애~ 어애에~ 어에이~ 어이으~ 어으우~
- 아우오~ 아오어~ 아어애~ 아애에~ 아에이~ 아이으~ 아으우~

- 애우오~ 애오어~ 애어아~ 애아애~ 애에이~ 애이으~ 애으우~
- 이우오~ 이오어~ 이어아~ 이아애~ 이애에~ 이에으~ 이으우~
- 으우오~ 으오어~ 으어아~ 으아애~ 으애에~ 으에이~ 으이우~;
  (반복)

일반적인 한국어 단어는 2, 3음절이 주를 이루지만 말이 길어질수록 어절의 음절은 늘어나게 된다. 즉, 모음음절이 늘어나게 된다. 예를 들어 '데면데면하거든 게으르지나 말아야지'라는 문장에서 '데면데면하거든'은 [ㅔ], [ㅕ], [ㅔ], [ㅕ], [ㅏ], [ㅓ], [ㅡ]의 모음이, '게으르지나'는 [ㅔ], [ㅡ], [ㅡ], [ㅣ], [ㅏ]의 모음이, '말아야지'는 [ㅏ], [ㅏ], [ㅑ], [ㅣ]의 모음이 사용되고 있다.

이처럼 다양하고 풍부한 언어표현을 위해서는 긴 음절훈련이 반드시 필요하다. **음절 늘리기** 훈련은 호흡과 발음, 발성뿐 아니라, 소리에 대한 집중력과 분석력도 증가시켜 준다.

(모음 4음절)
- 우오어아~ 우오어애~ 우오어에~ 우오어이~ 우오어으~
- 오우어아~ 오우어애~ 오우어에~ 오우어이~ 오우어으~
- 어우오아~ 어우오애~ 어우오에~ 어우오이~ 어우오으~
- 아우오어~ 아우오애~ 아우오에~ 아우오이~ 아우오으~
- 애우오어~ 애우오아~ 애우오에~ 애우오이~ 애우오으~
- 에우오어~ 에우오아~ 에우오애~ 에우오이~ 에우오으~
- 이우오어~ 이우오아~ 이우오애~ 이우오에~ 이우오으~
- 으우오어~ 으우오아~ 으우오애~ 으우오에~ 으우오이~

- 우오어아~ 우어아애~ 우아애에~ 우애에이~ 우에이으~ 우이으 오~ 우으오우~
- 오우어아~ 오어아애~ 오아애에~ 오애에이~ 오에이으~ 오이으 우~ 오으우오~
- 어우오아~ 어오아애~ 어아애에~ 어애에이~ 어에이으~ 어이으 우~ 어으우오~
- 아우오어~ 아오어애~ 아어애에~ 아애에이~ 아에이으~ 아이으 우~ 아으우오~
- 애우오어~ 애오어아~ 애어아에~ 애아에이~ 애에이으~ 애이으 우~ 애으우오~
- 에우오어~ 에오어아~ 에어아애~ 에아애이~ 에애이으~ 에이으 우~ 에으우오~
- 이우오어~ 이오어아~ 이어아애~ 이아애에~ 이애에으~ 이에으 우~ 이으우오~
- 으우오어~ 으오어아~ 으어아애~ 으아애에~ 으애에이~ 으에이 우~ 으이우오~

(모음 5음절)
- 우오어아애~ 우오어아에~ 우오어아이~ 우오어아으~
- 오우어아애~ 오우어아이~ 오우어아이~ 오우어아으~
- 어우오아애~ 어우오아에~ 어우오아이~ 어우오아으~
- 아우오어애~ 아우오어에~ 아우오어이~ 아우오어으~
- 애우오어아~ 애우오어에~ 애우오어이~ 애우오어으~
- 에우오어아~ 에우오어애~ 에우오어이~ 에우오어으~
- 이우오어아~ 이우오어애~ 이우오어에~ 이우오어으~
- 으우오어아~ 으우오어애~ 으우오어에~ 으우오어이~

- 우오어아애~ 우어아애에~ 우아애에이~ 우애에이으~ 우에이으
  오~ 우이으오어~ 우으오어아~
- 오우어아애~ 오어아애에~ 오아애에이~ 오애에이으~ 오에이으
  우~ 오이으우어~ 오으우어아~
- 어우오아애~ 어오아애에~ 어아애에이~ 어애에이으~ 어에이으
  우~ 어이으우오~ 어으우오아~
- 아우오어애~ 아오어애에~ 아어애에이~ 아애에이으~ 아에이으
  우~ 아이으우오~ 아으우오어~
- 애우오어아~ 애오어아에~ 애어아에이~ 애아에이으~ 애에이으
  우~ 애이으우오~ 애으우오어~
- 에우오어아~ 에오어아애~ 에어아애이~ 에아애이으~ 에애이으
  우~ 에이으우오~ 에으우오어~
- 이우오어아~ 이오어아애~ 이어아애에~ 이아애에으~ 이애에으
  우~ 이에으우오~ 이으우오어~
- 으우오어아~ 으오어아애~ 으어아애에~ 으아애에이~ 으애에이
  우~ 으에이우오~ 으이우오어~

(모음 6음절)

- 우오어아애에~ 우오어아애이~ 우오어아애으~
- 오우어아애에~ 오우어아애이~ 오우어아애으~
- 어우오아애에~ 어우오아애이~ 어우오아애으~
- 아우오어애에~ 아우오어애이~ 아우오어애으~
- 애우오어아에~ 애우오어아이~ 애우오어아으~
- 에우오어아애~ 에우오어아이~ 에우오어아으~
- 이우오어아애~ 이우오어아에~ 이우오어아으~
- 으우오어아애~ 으우오어아에~ 으우오어아이~

- 우오어아애에~ 우어아애에이~ 우아애에이으~ 우애에이으오~
  우에이으오어~ 우이으오어아~ 우으오어아애~
- 오우어아애에~ 오어아애에이~ 오아애에이으~ 오애에이으우~
  오에이으우어~ 오이으우어아~ 오으우어아애~
- 어우오아애에~ 어오아애에이~ 어아애에이으~ 어애에이으우~
  어에이으우오~ 어이으우오아~ 어으우오아애~
- 아우오어애에~ 아오어애에이~ 아어애에이으~ 아애에이으우~
  아에이으우오~ 아이으우오어~ 아으우오어애~
- 애우오어아에~ 애오어아에이~ 애어아에이으~ 애아에이으우~
  애에이으우오~ 애이으우오어~ 애으우오어에~
- 에우오어아애~ 에오어아애이~ 에어아애이으~ 에아애이으우~
  에애이으우오~ 에이으우오어~ 에으우오어아~
- 이우오어아애~ 이오어아애에~ 이어아애에으~ 이아애에으우~
  이애에으우오~ 이에으우오어~ 이으우오어아~
- 으우오어아애~ 으오어아애에~ 으어아애에이~ 으아애에이우~
  으애에이우오~ 으에이우오어~ 으이우오어아~

(모음 7음절)
- 우오어아애에이~ 우오어아애에으~
- 오우어아애에이~ 오우어아애에으~
- 어우오아애에이~ 어우오아애에으~
- 아우오어애에이~ 아우오어애에으~
- 애우오어아에이~ 애우오어아에으~
- 에우오어아애이~ 에우오어아애으~
- 이우오어아애에~ 이우오어아애으~
- 으우오어아애에~ 으우오어아애이~

- 우오어아애에이~ 우어아애에이이으~ 우아애에이이으오~ 우애에이
  으으오어~ 우에이으오어아~ 우이으오어아애~ 우으오어아애에~
- 오우어아애에이~ 오어아애에이이으~ 오아애에이이으우~ 오애에이
  으우어~ 오에이으우어아~ 오이으우어아애~ 오으우어아애에~
- 어우오아애에이~ 어오아애에이이으~ 어아애에이으우~ 어애에이
  으우오~ 어에이으우오아~ 어이으우오아애~ 어으우오아애에~
- 아우오어애에이~ 아오어애에이이으~ 아어애에이으우~ 아애에이
  으우오~ 아에이으우오어~ 아이으우오어애~ 아으우오어애에~
- 애우오어아에이~ 애오어아에이이으~ 애어아에이으우~ 애아에이
  으우오~ 애에이으우오어~ 애이으우오어아~ 애으우오어아에~
- 에우오어아애이~ 에오어아애이이으~ 에어아애이으우~ 에아애이
  으우오~ 에애이으우오어~ 에이으우오어아~ 에으우오어아애~
- 이우오어아애에~ 이오어아애에으~ 이어아애에으우~ 이아애에
  으우오~ 이애에으우오어~ 이에으우오어아~ 이으우오어아애~
- 으우오어아애에~ 으오어아애에이~ 으어아애에이우~ 으아애에
  이우오~ 으애에이우오어~ 으에이우오어아~ 으이우오어아애~

(모음 8음절)

- 우오어아애에이으~ 오어아애에이이으우~ 어아애에이으우오~ 아
  애에이으우오어~ 애에이으우오어아~ 에이으우오어아애~ 이으
  우오어아애에~ 으우오어아애에이~ ; 반복한다.

2) 자음과 소릿길

소릿길에 19개의 자음(ㄱ, ㄲ, ㄴ, ㄷ, ㄸ, ㄹ, ㅁ, ㅂ, ㅃ, ㅅ, ㅆ, ㅇ,
ㅈ, ㅉ, ㅊ, ㅋ, ㅌ, ㅍ, ㅎ)을 첨가하여 보자. 정확한 자음발음을 위해서

는 발음기관들이 정확한 발음위치에서 사용되어야 한다. 모음과 자음이 정확하게 발음되도록 소리훈련을 하자.

자음을 순서대로 **소릿길**에 연결시켜 소리훈련을 하자.

- 구-고-거-가-개-게-기-그
- 누-노-너-나-내-네-니-느
- 두-도-더-다-대-데-디-드
- 루-로-러-라-래-레-리-르
- 무-모-머-마-매-메-미-므
- 부-보-버-바-배-베-비-브
- 수-소-서-사-새-세-시-스
- 우-오-어-아-애-에-이-으
- 주-조-저-자-재-제-지-즈
- 추-초-처-차-채-체-치-츠
- 쿠-코-커-카-캐-케-키-크
- 투-토-터-타-태-테-티-트
- 푸-포-퍼-파-패-페-피-프
- 후-호-허-하-해-헤-히-흐
- 꾸-꼬-꺼-까-깨-께-끼-끄
- 뚜-또-떠-따-때-떼-띠-뜨
- 뿌-뽀-뻐-빠-빼-뻬-삐-쁘
- 쑤-쏘-써-싸-쌔-쎄-씨-쓰
- 쭈-쪼-쩌-짜-째-**쩨**-찌-쯔

3) 유성자음과 소릿길

자음을 살펴보자. 19개의 자음 중에서 울림이 있는 자음은 오직 [ㅁ], [ㄴ], [ㅇ], [ㄹ] 뿐이다.

	ㅁ	ㄴ	ㅇ	ㄹ
입술	+	−		
뒤혀		−	+	
코	+	+	+	−

[ㅁ, ㄴ, ㅇ, ㄹ]의 유성자음에 소릿길을 연결시키자. 입술 모양, 턱 열림 정도, 혀 위치 등을 정확히 하자. 유성자음과 모음으로 비강과 소리의 진동을 확장시키도록 하자.

(유성자음 1음절)

- 무 – 모 – 머 – 마 – 매 – 메 – 미 – 므
- 누 – 노 – 너 – 나 – 내 – 네 – 니 – 느
- 우 – 오 – 어 – 아 – 애 – 에 – 이 – 으
- 루 – 러 – 러 – 라 – 래 – 레 – 리 – 르

유성자음과 소릿길을 사용하여 음절의 수를 늘려 보자. 반복되는 유성자음들은 공명확장에 큰 도움을 준다.

(유성자음 2음절)

무 + [ㅁ+단모음길], [ㄴ+단모음길], [ㄹ+단모음길], [ㅇ+단모음길]
- 무무 – 무모 – 무머 – 무마 – 무매 – 무메 – 무미 – 무므

- 무누 – 무노 – 무너 – 무나 – 무내 – 무네 – 무니 – 무느
- 무루 – 무로 – 무러 – 무라 – 무래 – 무레 – 무리 – 무르
- 무우 – 무오 – 무어 – 무아 – 무애 – 무에 – 무이 – 무으

누
- 누무 – 누모 – 누머 – 누마 – 누매 – 누메 – 누미 – 누므
- 누누 – 누노 – 누너 – 누나 – 누내 – 누네 – 누니 – 누느
- 누루 – 누로 – 누러 – 누라 – 누래 – 누레 – 누리 – 누르
- 누우 – 누오 – 누어 – 누아 – 누애 – 누에 – 누이 – 누으

루
- 루무 – 루모 – 루머 – 루마 – 루매 – 루메 – 루미 – 루므
- 루누 – 루노 – 루너 – 루나 – 루내 – 루네 – 루니 – 루느
- 루루 – 루로 – 루러 – 루라 – 루래 – 루레 – 루리 – 루르
- 루우 – 루오 – 루어 – 루아 – 루애 – 루에 – 루이 – 루으

우
- 우무 – 우모 – 우머 – 우마 – 우매 – 우메 – 우미 – 우므
- 우누 – 우노 – 우너 – 우나 – 우내 – 우네 – 우니 – 우느
- 우루 – 우로 – 우러 – 우라 – 우래 – 우레 – 우리 – 우르
- 우우 – 우오 – 우어 – 우아 – 우애 – 우에 – 우이 – 우으

모 + [ㅁ+단모음길], [ㄴ+단모음길], [ㄹ+단모음길], [ㅇ+단모음길]
- 모무 – 모모 – 모머 – 모마 – 모매 – 모메 – 모미 – 모므
- 모누 – 모노 – 모너 – 모나 – 모내 – 모네 – 모니 – 모느
- 모루 – 모로 – 모러 – 모라 – 모래 – 모레 – 모리 – 모르
- 모우 – 모오 – 모어 – 모아 – 모애 – 모에 – 모이 – 모으

노
- 노무 – 노모 – 노머 – 노마 – 노매 – 노메 – 노미 – 노므

- 노우 - 노노 - 노너 - 노나 - 노내 - 노네 - 노니 - 노느
- 노루 - 노로 - 노러 - 노라 - 노래 - 노레 - 노리 - 노르
- 노우 - 노오 - 노어 - 노아 - 노애 - 노에 - 노이 - 노으

로

- 로무 - 로모 - 로머 - 로마 - 로매 - 로메 - 로미 - 로므
- 로누 - 로노 - 로너 - 로나 - 로내 - 로네 - 로니 - 로느
- 로루 - 로로 - 로러 - 로라 - 로래 - 로레 - 로리 - 로르
- 로우 - 로오 - 로어 - 로아 - 로애 - 로에 - 로이 - 로으

오

- 오무 - 오모 - 오머 - 오마 - 오매 - 오메 - 오미 - 오므
- 오누 - 오노 - 오너 - 오나 - 오내 - 오네 - 오니 - 오느
- 오루 - 오로 - 오러 - 오라 - 오래 - 오레 - 오리 - 오르
- 오우 - 오오 - 오어 - 오아 - 오애 - 오에 - 오이 - 오으

머 + [ㅁ+단모음길], [ㄴ+단모음길], [ㄹ+단모음길], [ㅇ+단모음길]

- 머무 - 머모 - 머머 - 머마 - 머매 - 머메 - 머미 - 머므
- 머누 - 머노 - 머너 - 머나 - 머내 - 머네 - 머니 - 머느
- 머루 - 머로 - 머러 - 머라 - 머래 - 머레 - 머리 - 머르
- 머우 - 머오 - 머어 - 머아 - 머애 - 머에 - 머이 - 머으

너

- 너무 - 너모 - 너머 - 너마 - 너매 - 너메 - 너미 - 너므
- 너누 - 너노 - 너너 - 너나 - 너내 - 너네 - 너니 - 너느
- 너루 - 너로 - 너러 - 너라 - 너래 - 너레 - 너리 - 너르
- 너우 - 너오 - 너어 - 너아 - 너애 - 너에 - 너이 - 너으

러

- 러무 - 러모 - 러머 - 러마 - 러매 - 러메 - 러미 - 러므

- 러누 – 러노 – 러너 – 러나 – 러내 – 러네 – 러니 – 러느
- 러루 – 러로 – 러러 – 러라 – 러래 – 러레 – 러리 – 러르
- 러우 – 러오 – 러어 – 러아 – 러애 – 러에 – 러이 – 러으

어

- 어무 – 어모 – 어머 – 어마 – 어매 – 어메 – 어미 – 어므
- 어누 – 어노 – 어너 – 어나 – 어내 – 어네 – 어니 – 어느
- 어루 – 어로 – 어러 – 어라 – 어래 – 어레 – 어리 – 어르
- 어우 – 어오 – 어어 – 어아 – 어애 – 어에 – 어이 – 어으

마 + [ㅁ+단모음길], [ㄴ+단모음길], [ㄹ+단모음길], [ㅇ+단모음길]

- 마무 – 마모 – 마머 – 마마 – 마매 – 마메 – 마미 – 마므
- 마누 – 마노 – 마너 – 마나 – 마내 – 마네 – 마니 – 마느
- 마루 – 마로 – 마러 – 마라 – 마래 – 마레 – 마리 – 마르
- 마우 – 마오 – 마어 – 마아 – 마애 – 마에 – 마이 – 마으

나

- 나무 – 나모 – 나머 – 나마 – 나매 – 나메 – 나미 – 나므
- 나누 – 나노 – 나너 – 나나 – 나내 – 나네 – 나니 – 나느
- 나루 – 나로 – 나러 – 나라 – 나래 – 나레 – 나리 – 나르
- 나우 – 나오 – 나어 – 나아 – 나애 – 나에 – 나이 – 나으

라

- 라무 – 라모 – 라머 – 라마 – 라매 – 라메 – 라미 – 라므
- 라누 – 라노 – 라너 – 라나 – 라내 – 라네 – 라니 – 라느
- 라루 – 라로 – 라러 – 라라 – 라래 – 라레 – 라리 – 라르
- 라우 – 라오 – 라어 – 라아 – 라애 – 라에 – 라이 – 라으

아

- 아무 – 아모 – 아머 – 아마 – 아매 – 아메 – 아미 – 아므

- 아누 – 아노 – 아너 – 아나 – 아내 – 아네 – 아니 – 아느
- 아루 – 아로 – 아러 – 아라 – 아래 – 아레 – 아리 – 아르
- 아우 – 아오 – 아어 – 아아 – 아애 – 아에 – 아이 – 아으

매 + [ㅁ+단모음길], [ㄴ+단모음길], [ㄹ+단모음길], [ㅇ+단모음길]
- 매무 – 매모 – 매머 – 매마 – 매매 – 매메 – 매미 – 매므
- 매누 – 매노 – 매너 – 매나 – 매내 – 매네 – 매니 – 매느
- 매루 – 매로 – 매러 – 매라 – 매래 – 매레 – 매리 – 매르
- 매우 – 매오 – 매어 – 매아 – 매애 – 매에 – 매이 – 매으

내
- 내무 – 내모 – 내머 – 내마 – 내매 – 내메 – 내미 – 내므
- 내누 – 내노 – 내너 – 내나 – 내내 – 내네 – 내니 – 내느
- 내루 – 내로 – 내러 – 내라 – 내래 – 내레 – 내리 – 내르
- 내우 – 내오 – 내어 – 내아 – 내애 – 내에 – 내이 – 내으

래
- 래무 – 래모 – 래머 – 래마 – 래매 – 래메 – 래미 – 래므
- 래누 – 래노 – 래너 – 래나 – 래내 – 래네 – 래니 – 래느
- 래루 – 래로 – 래러 – 래라 – 래래 – 래레 – 래리 – 래르
- 래우 – 래오 – 래어 – 래아 – 래애 – 래에 – 래이 – 래으

애
- 애무 – 애모 – 애머 – 애마 – 애매 – 애메 – 애미 – 애므
- 애누 – 애노 – 애너 – 애나 – 애내 – 애네 – 애니 – 애느
- 애루 – 애로 – 애러 – 애라 – 애래 – 애레 – 애리 – 애르
- 애우 – 애오 – 애어 – 애아 – 애애 – 애에 – 애이 – 애으

메 + [ㅁ+단모음길], [ㄴ+단모음길], [ㄹ+단모음길], [ㅇ+단모음길]

- 메무 – 메모 – 메머 – 메마 – 메매 – 메메 – 메미 – 메므
- 메누 – 메노 – 메너 – 메나 – 메내 – 메네 – 메니 – 메느
- 메루 – 메로 – 메러 – 메라 – 메래 – 메레 – 메리 – 메르
- 메우 – 메오 – 메어 – 메아 – 메애 – 메에 – 메이 – 메으

네

- 네무 – 네모 – 네머 – 네마 – 네매 – 네메 – 네미 – 네므
- 네누 – 네노 – 네너 – 네나 – 네내 – 네네 – 네니 – 네느
- 네루 – 네로 – 네러 – 네라 – 네래 – 네레 – 네리 – 네르
- 네우 – 네오 – 네어 – 네아 – 네애 – 네에 – 네이 – 네으

레

- 레무 – 레모 – 레머 – 레마 – 레매 – 레메 – 레미 – 레프
- 레누 – 레노 – 레너 – 레나 – 레내 – 레네 – 레니 – 레느
- 레루 – 레로 – 레러 – 레라 – 레래 – 레레 – 레리 – 레르
- 레우 – 레오 – 레어 – 레아 – 레애 – 레에 – 레이 – 레으

에

- 에무 – 에모 – 에머 – 에마 – 에매 – 에메 – 에미 – 에프
- 에누 – 에노 – 에너 – 에나 – 에내 – 에네 – 에니 – 에느
- 에루 – 에로 – 에러 – 에라 – 에래 – 에레 – 에리 – 에르
- 에우 – 에오 – 에어 – 에아 – 에애 – 에에 – 에이 – 에으

미 + [ㅁ+단모음길], [ㄴ+단모음길], [ㄹ+단모음길], [ㅇ+단모음길]

- 미무 – 미모 – 미머 – 미마 – 미매 – 미메 – 미미 – 미므
- 미누 – 미노 – 미너 – 미나 – 미내 – 미네 – 미니 – 미느
- 미루 – 미로 – 미러 – 미라 – 미래 – 미레 – 미리 – 미르
- 미우 – 미오 – 미어 – 미아 – 미애 – 미에 – 미이 – 미으

니

- 니무 – 니모 – 니머 – 니마 – 니매 – 니메 – 니미 – 니므
- 니누 – 니노 – 니너 – 니나 – 니내 – 니네 – 니니 – 니느
- 니루 – 니로 – 니러 – 니라 – 니래 – 니레 – 니리 – 니르
- 니우 – 니오 – 니어 – 니아 – 니애 – 니에 – 니이 – 니으

리

- 리무 – 리모 – 리머 – 리마 – 리매 – 리메 – 리미 – 리므
- 리누 – 리노 – 리너 – 리나 – 리내 – 리네 – 리니 – 리느
- 리루 – 리로 – 리러 – 리라 – 리래 – 리레 – 리리 – 리르
- 리우 – 리오 – 리어 – 리아 – 리애 – 리에 – 리이 – 리으

이

- 이무 – 이모 – 이머 – 이마 – 이매 – 이메 – 이미 – 이므
- 이누 – 이노 – 이너 – 이나 – 이내 – 이네 – 이니 – 이느
- 이루 – 이로 – 이러 – 이라 – 이래 – 이레 – 이리 – 이르
- 이우 – 이오 – 이어 – 이아 – 이애 – 이에 – 이이 – 이으

므+[ㅁ+단모음길], [ㄴ+단모음길], [ㄹ+단모음길], [ㅇ+단모음길]

- 므무 – 므모 – 므머 – 므마 – 므매 – 므메 – 므미 – 므므
- 므누 – 므노 – 므너 – 므나 – 므내 – 므네 – 므니 – 므느
- 므루 – 므로 – 므러 – 므라 – 므래 – 므레 – 므리 – 므르
- 므우 – 므오 – 므어 – 므아 – 므애 – 므에 – 므이 – 므으

느

- 느무 – 느모 – 느머 – 느마 – 느매 – 느메 – 느미 – 느므
- 느누 – 느노 – 느너 – 느나 – 느내 – 느네 – 느니 – 느느
- 느루 – 느로 – 느러 – 느라 – 느래 – 느레 – 느리 – 느르
- 느우 – 느오 – 느어 – 느아 – 느애 – 느에 – 느이 – 느으

르

- 르무 – 르모 – 르머 – 르마 – 르매 – 르메 – 르미 – 르므
- 르누 – 르노 – 르너 – 르나 – 르내 – 르네 – 르니 – 르느
- 르루 – 르로 – 르러 – 르라 – 르래 – 르레 – 르리 – 르르
- 르우 – 르오 – 르어 – 르아 – 르애 – 르에 – 르이 – 르으

으

- 으무 – 으모 – 으머 – 으마 – 으매 – 으메 – 으미 – 으므
- 으누 – 으노 – 으너 – 으나 – 으내 – 으네 – 으니 – 으느
- 으루 – 으로 – 으러 – 으라 – 으래 – 으레 – 으리 – 으르
- 으우 – 으오 – 으어 – 으아 – 으애 – 으에 – 으이 – 으으

(유성자음 3음절)

1〉

므느 + [ㄹ+단모음길]
- 므느루 - 므느로 - 므느러 - 므느라 - 므느래 - 므느레 - 므느리 - 므느르

므르 + [ㄴ+단모음길]
- 므르누 - 므르노 - 므르너 - 므르나 - 므르내 - 므르네 - 므르니 - 므느르

느므 + [ㄹ+단모음길]
- 느므루 - 느므로 - 느므러 - 느므라 - 느므래 - 느므레 - 느므리 - 느므르

느르 + [ㅁ+단모음길]
- 느르무 - 느르모 - 느르머 - 느르마 - 느르매 - 느르메 - 느르미 - 느르므

르므 + [ㄴ+단모음길]

- 르므누 - 르므노 - 르므너 - 르므나 - 르므내 - 르므네 - 르므니 -
르므느

르느 + [ㅁ+단모음길]

- 르느무 - 르느모 - 르느머 - 르느마 - 르느매 - 르느메 - 르느미 -
르느므

2〉

므느 + [ㅁ+단모음길]

- 므느무 - 므느모 - 므느머 - 므느마 - 므느매 - 므느메 - 므느미 -
므느므

므르 + [ㅁ+단모음길]

- 므르무 – 므르모 – 므르머 – 므르마 – 므르매 – 므르메 – 므르미 –
므르므

느므 + [ㄴ+단모음길]

- 느므누 – 느므노 – 느므머 – 느므나 – 느므내 – 느므네 – 느므니 –
느므느

느르 + [ㄴ+단모음길]

- 느르누 – 느르노 – 느르너 – 느르나 – 느르내 – 느르네 – 느르니 –
느르느

르므 + [ㄹ+단모음길]

- 르므루 – 르므로 – 르므러 – 르므라 – 르므래 – 르므레 – 르므리 –
르므르

르느 + [ㅁ+단모음길]

- 르느루 – 르느로 – 르느러 – 르느라 – 르느래 – 르느레 – 르느리 –
르느르

3〉

[ㅁ+단모음길]+[ㄴ+단모음길]+[ㄹ+단모음길]

• 무누루 - 모노로 - 머너러 - 마나라 - 매내래 - 메네레 - 미니리 -
므느르

[ㅁ+단모음길]+[ㄹ+단모음길]+[ㄴ+단모음길]

• 무루누 - 모로노 - 머러너 - 마라나 - 매래내 - 메레네 - 미리니 -
므르느

[ㄴ+단모음길]+[ㅁ+단모음길]+[ㄹ+단모음길]

• 누무루 - 노모로 - 너머러 - 나마라 - 내매래 - 네메레 - 니미리 -
느므르

[ㄴ+단모음길]+[ㄹ+단모음길]+[ㅁ+단모음길]

• 누루무 - 노로모 - 너러머 - 나라마 - 내래매 - 네레메 - 니리미 -
느르므

[ㄹ+단모음길]+[ㅁ+단모음길]+[ㄴ+단모음길]

• 루무누 - 로모노 - 러머너 - 라마나 - 래매내 - 레메네 - 리미니 -
르므느

[ㄹ+단모음길]+[ㄴ+단모음길]+[ㅁ+단모음길]

• 루누무 - 로노모 - 러너머 - 라나마 - 래내매 - 레네메 - 리니미 -
르느므

(유성자음 6음절)

• 느르무 - 무르느, 느르모 - 모르느, 느르머 - 머르느, 느르마 - 마
르느, 느르매 - 매르느, 느르메 - 메르느, 느르미 - 미르느, 느르
므 - 므르느

• 누루무 - 노로모, 노로모 - 너러머, 너러머 - 나라마, 나라마 - 내
래매, 내래매 - 네레메, 네레메 - 니리미, 니리미 - 느르므, 느르

므-누루무

유성자음과 이중모음을 활용하여 소리훈련을 하자.

([ㅁ]+소릿길, [ㅁ]+이중모음)
• 무-뮤, 모-묘, 머-며, 마-먀, 매-먜, 메-몌, 미-믜, 므-
믜
([ㄴ]+소릿길, [ㄴ]+이중모음)
• 누-뉴, 노-뇨, 너-녀, 나-냐, 내-냬, 네-녜, 니-늬, 느-
늬
([ㅇ]+소릿길, [ㅇ]+이중모음)
• 우-유, 오-요, 어-여, 아-야, 애-얘, 에-예, 이-의, 으-
의
([ㄹ]+소릿길, [ㄹ]+이중모음)
• 루-류, 로-료, 러-려, 라-랴, 래-럐, 레-례, 리-릐, 르-
릐

이외에 유성자음 [ㅁ], [ㄴ], [ㅇ], [ㄹ]이 반복되는 단어나 문장, 속
담, 격언, 명언들은 본인이 직접 선택하여 활용할 수도 있다.

4) 소리를 내는 방법에 따른 음절조합

자음을 낼 때에 장애를 받는 조건은 자리, 방법, 힘이며, **파열음**(허
파에서 나오는 공기를 일단 막았다가 터뜨려서 내는 소리; ㅂ, ㅃ, ㅍ, ㄷ,
ㄸ, ㅌ, ㄱ, ㄲ, ㅋ) - **파찰음**(처음에는 파열음, 나중에는 마찰음으로
나는 소리; ㅈ, ㅉ, ㅊ) - **마찰음**(입 안이나 목청 사이의 통로를 아주

좁혀 그 사이를 마찰시켜 나오면서 나는 소리; ㅅ, ㅆ, ㅎ)으로 분류할 수 있다.

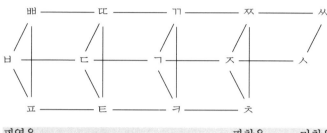

소릿길에 파열음, 파찰음, 마찰음을 연결시켜 다양한 음절조합들을 만들 수 있다.

4-1. 파열음/양순음[ㅂ, ㅃ, ㅍ]을 사용한 음절조합

1〉

• 부－보－버－바－배－베－비－브
• 뿌－뽀－뻐－빠－빼－뻬－삐－쁘
• 푸－포－퍼－파－패－페－피－프

2〉

• 브쁘푸－브쁘포－브쁘퍼－브쁘파－브쁘패－브쁘페－브쁘피－
브쁘프
• 프쁘부－프쁘보－프쁘버－프쁘바－프쁘배－프쁘베－프쁘비－
프쁘브
• 쁘브푸－쁘브포－쁘브퍼－쁘브파－쁘브패－쁘브페－쁘브피－
쁘브프
• 프브뿌－프브뽀－프브뻐－프브빠－프브빼－프브뻬－프브삐－

프브쁘

- 브프뿌 – 브프쁘 – 브프뻐 – 브프빠 – 브프빼 – 브프뻬 – 브프삐 – 브프쁘

- 쁘프부 – 쁘프보 – 쁘프버 – 쁘프바 – 쁘프배 – 쁘프베 – 쁘프비 – 쁘프브

3〉

- 부쁘푸 – 보쁘포 – 버뻐퍼 – 바빠파 – 배빼패 – 베뻬페 – 비삐피 – 브쁘프

- 푸쁘부 – 포쁘보 – 퍼뻐버 – 파빠바 – 패빼배 – 페뻬베 – 피삐비 – 프쁘브

- 뿌부푸 – 쁘보포 – 뻐버퍼 – 빠바파 – 빼배패 – 뻬베페 – 삐비피 – 쁘브프

- 푸부뿌 – 포보쁘 – 퍼버뻐 – 파바빠 – 패배빼 – 페베뻬 – 피비삐 – 프브쁘

- 부푸뿌 – 보포쁘 – 버퍼뻐 – 바파빠 – 배패빼 – 베페뻬 – 비피삐 – 브프쁘

- 뿌푸부 – 쁘포보 – 뻐퍼버 – 빠파바 – 빼패배 – 뻬페베 – 삐피비 – 쁘프브

4-2. 파열음/치경음[ㄷ, ㄸ, ㅌ]을 사용한 음절조합

1〉

- 두 – 도 – 더 – 다 – 대 – 데 – 디 – 드
- 뚜 – 또 – 떠 – 따 – 때 – 떼 – 띠 – 뜨
- 투 – 토 – 터 – 타 – 태 – 테 – 티 – 트

2〉

- 드뜨투 – 드뜨토 – 드뜨터 – 드뜨타 – 드뜨태 – 드뜨테 – 드뜨티 – 드뜨트

- 트뜨두 – 트뜨도 – 트뜨더 – 트뜨다 – 트뜨대 – 트뜨데 – 트뜨디 – 트뜨드

- 뜨드투 – 뜨드토 – 뜨드터 – 뜨드타 – 뜨드태 – 뜨드테 – 뜨드티 – 뜨드트

- 트드뚜 – 트드또 – 트드떠 – 트드따 – 트드때 – 트드떼 – 트드띠 – 트드뜨

- 드트뚜 – 드트또 – 드트떠 – 드트따 – 드트때 – 드트떼 – 드트띠 – 드트뜨

- 뜨트두 – 뜨트도 – 뜨트더 – 뜨트다 – 뜨트대 – 뜨트데 – 뜨트디 – 뜨트드

3〉

- 두뚜투 – 도또토 – 더떠터 – 다따타 – 대때태 – 데떼테 – 디띠티 – 드뜨트

- 투뚜두 – 토또도 – 터떠더 – 타따다 – 태때대 – 테떼데 – 티띠디 – 트뜨드

- 뚜두투 – 또도토 – 떠더터 – 따다타 – 때대태 – 떼데테 – 띠디티 – 뜨드트

- 투두뚜 – 토도또 – 터더떠 – 타다따 – 태대때 – 테데떼 – 티디띠 – 트드뜨

- 두투뚜 – 도토또 – 더터떠 – 다타따 – 대태때 – 데테떼 – 디티띠 – 드트뜨

- 뚜투두 – 또토도 – 떠터더 – 따타다 – 때태대 – 떼테데 – 띠티디 – 뜨트드

4-3. 파열음/연구개음[ㄱ, ㄲ, ㅋ]을 사용한 음절조합

1〉

- 구 ─ 고 ─ 거 ─ 가 ─ 개 ─ 게 ─ 기 ─ 그
- 꾸 ─ 꼬 ─ 꺼 ─ 까 ─ 깨 ─ 께 ─ 끼 ─ 끄
- 쿠 ─ 코 ─ 커 ─ 카 ─ 캐 ─ 케 ─ 키 ─ 크

2〉

- *그끄쿠 ─ 그끄코 ─ 그끄커 ─ 그끄카 ─ 그끄캐 ─ 그끄케 ─ 그끄키 ─ 그끄크*
- *크끄구 ─ 크끄고 ─ 크끄거 ─ 크끄가 ─ 크끄개 ─ 크끄게 ─ 크끄기 ─ 크끄그*
- *끄그쿠 ─ 끄그코 ─ 끄그커 ─ 끄그카 ─ 끄그캐 ─ 끄그케 ─ 끄그키 ─ 끄그크*
- *크그꾸 ─ 크그꼬 ─ 크그꺼 ─ 크그까 ─ 크그깨 ─ 크그께 ─ 크그끼 ─ 크그끄*
- *그크꾸 ─ 그크꼬 ─ 그크꺼 ─ 그크까 ─ 그크깨 ─ 그크께 ─ 그크끼 ─ 그크끄*
- *끄크구 ─ 끄크고 ─ 끄크거 ─ 끄크가 ─ 끄크개 ─ 끄크게 ─ 끄크기 ─ 끄크그*

3〉

- 구꾸쿠 ─ 고꼬코 ─ 거꺼커 ─ 가까카 ─ 개깨캐 ─ 게께케 ─ 기끼키 ─ 그끄크
- 쿠꾸구 ─ 코꼬고 ─ 커꺼거 ─ 카까가 ─ 캐깨개 ─ 케께게 ─ 키끼기 ─ 크끄그
- 꾸구쿠 ─ 꼬고코 ─ 꺼거커 ─ 까가카 ─ 깨개캐 ─ 께게케 ─ 끼기키 ─ 끄그크
- 쿠구꾸 ─ 코고꼬 ─ 커거꺼 ─ 카가까 ─ 캐개깨 ─ 케게께 ─ 키기끼 ─

크그끄

- 구쿠꾸 – 고코꼬 – 거커꺼 – 가카까 – 개캐깨 – 게케께 – 기키끼 – 그크끄

- 꾸쿠구 – 꼬코고 – 꺼커거 – 까카가 – 깨캐개 – 께케게 – 끼키기 – 끄크그

4-4. 파찰음/경구개음[ㅈ, ㅉ, ㅊ]을 사용한 음절조합

1)

- 주 – 조 – 저 – 자 – 재 – 제 – 지 – 즈
- 쭈 – 쪼 – 쩌 – 짜 – 째 – 쩨 – 찌 – 쯔
- 추 – 초 – 처 – 차 – 채 – 체 – 치 – 츠

2)

- 즈쯔추 – 즈쯔초 – 즈쯔처 – 즈쯔차 – 즈쯔채 – 즈쯔체 – 즈쯔치 – 즈쯔츠

- 츠쯔주 – 츠쯔조 – 츠쯔저 – 츠쯔자 – 츠쯔재 – 츠쯔제 – 츠쯔지 – 츠쯔즈

- 쯔즈추 – 쯔즈초 – 쯔즈처 – 쯔즈차 – 쯔즈채 – 쯔즈체 – 쯔즈치 – 쯔즈츠

- 츠즈쭈 – 츠즈쪼 – 츠즈쩌 – 츠즈짜 – 츠즈째 – 츠즈쩨 – 츠즈찌 – 츠즈쯔

- 즈츠쭈 – 즈츠쪼 – 즈츠쩌 – 즈츠짜 – 즈츠째 – 즈츠쩨 – 즈츠찌 – 즈츠쯔

- 쯔츠주 – 쯔츠조 – 쯔츠저 – 쯔츠자 – 쯔츠재 – 쯔츠제 – 쯔츠지 – 쯔츠즈

3)

- 주쭈추 – 조쪼초 – 저쩌처 – 자짜차 – 재째채 – 제쩨체 – 지찌치 –

즈쯔츠

- 추쭈주 – 초쪼조 – 처쩌저 – 차짜자 – 채째재 – 체쩨제 – 치찌지 – 츠쯔즈
- 쭈주추 – 쪼조초 – 쩌저처 – 짜자차 – 째재채 – 쩨제체 – 찌지치 – 쯔즈츠
- 추주쭈 – 초조쪼 – 처저쩌 – 차자짜 – 채재째 – 체제쩨 – 치지찌 – 츠즈쯔
- 주추쭈 – 조초쪼 – 저처쩌 – 자차짜 – 재채째 – 제체쩨 – 지치찌 – 즈츠쯔
- 쭈추주 – 쪼초조 – 쩌처저 – 짜차자 – 째채재 – 쩨체제 – 찌치지 – 쯔츠즈

4-5. 마찰음/성문음[ㅇ, ㅎ]을 사용한 음절조합

1〉
- 후 – 호 – 허 – 하 – 해 – 헤 – 히 – 흐

2〉
- 우후 – 오호 – 어허 – 아하 – 애해 – 에헤 – 이히 – 으흐
- 후우 – 호오 – 허어 – 하아 – 해애 – 헤에 – 히이 – 흐으
- 으후 – 으호 – 으허 – 으하 – 으해 – 으헤 – 으히 – 으흐
- 흐우 – 흐오 – 흐어 – 흐아 – 흐애 – 흐에 – 흐이 – 흐으

4-6. 마찰음/치경음[ㅅ, ㅆ]을 사용한 음절조합

1〉
- 수 – 소 – 서 – 사 – 새 – 세 – 시 – 스
- 쑤 – 쏘 – 써 – 싸 – 쌔 – 쎄 – 씨 – 쓰

- 스쑤 – 스쏘 – 스써 – 스싸 – 스쌔 – 스쎄 – 스씨 – 스쓰
- 쓰수 – 쓰소 – 쓰서 – 쓰사 – 쓰새 – 쓰세 – 쓰시 – 쓰스

4-7. 치경음/성문음[ㅅ, ㅆ, ㅎ]을 사용한 음절조합

1〉

- 스쑤후 – 스쏘호 – 스써허 – 스싸하 – 스쌔해 – 스쎄헤 – 스씨히 –
  스쓰흐
- 흐쑤수 – 흐쏘소 – 흐써서 – 흐싸사 – 흐쌔새 – 흐쎄세 – 흐씨시 –
  흐쓰스
- 쓰스후 – 쓰스호 – 쓰스허 – 쓰스하 – 쓰스해 – 쓰스헤 – 쓰스히 –
  쓰스흐
- 흐스쑤 – 흐스쏘 – 흐스써 – 흐스싸 – 흐스쌔 – 흐스쎄 – 흐스씨 –
  흐스쓰
- 스흐쑤 – 스흐쏘 – 스흐써 – 스흐싸 – 스흐쌔 – 스흐쎄 – 스흐씨 –
  스흐쓰
- 쓰흐수 – 쓰흐소 – 쓰흐서 – 쓰흐사 – 쓰흐새 – 쓰흐세 – 쓰흐시 –
  쓰흐스

2〉

- 수쑤후 – 소쏘호 – 서써허 – 사싸하 – 새쌔해 – 세쎄헤 – 시씨히 –
  스쓰흐
- 후쑤수 – 호쏘소 – 허써서 – 하싸사 – 해쌔새 – 헤쎄세 – 히씨시 –
  흐쓰스
- 쑤수후 – 쏘소호 – 써서허 – 싸사하 – 쌔새해 – 쎄세헤 – 씨시히 –
  쓰스흐
- 후수쑤 – 호소쏘 – 허서써 – 하사싸 – 해새쌔 – 헤세쎄 – 히시씨 –
  흐스쓰

- 수후쑤 – 소호쏘 – 서허써 – 사하싸 – 새해쌔 – 세헤쎄 – 시히씨 –
  스흐쓰
- 쑤후수 – 쏘호소 – 써허서 – 싸하사 – 쌔해새 – 쎄헤세 – 씨히시 –
  쓰흐스

4-8. 파열음의 거센소리[ㅋ, ㅌ, ㅍ]와 유성자음을 사용한 음절조합

1〉
- 크트프 – 무루누, 크트프 – 모로노, 크트프 – 머러너, 크트프 – 마
  라나, 크트프 – 매래내, 크트프 – 메레네, 크트프 – 미리니, 크트
  프 – 므르느

2〉
- 크트프 – 무누루, 크트프 – 모노로, 크트프 – 머너러, 크트프 – 마
  나라, 크트프 – 매내래, 크트프 – 메네레, 크트프 – 미니리, 크트
  프 – 므느르

3〉
- 크트프 – 누무루, 크트프 – 노모로, 크트프 – 너머러, 크트프 – 나
  마라, 크트프 – 내매래, 크트프 – 네메레, 크트프 – 니미리, 크트
  프 – 느므르

4〉
- 크트프 – 누루무, 크트프 – 노로모, 크트프 – 너러머, 크트프 – 나
  라마, 크트프 – 내래매, 크트프 – 네레메, 크트프 – 니리미, 크트
  프 – 느르므

5〉
- 크트프 – 루누무, 크트프 – 로노모, 크트프 – 러너머, 크트프 – 라
  나마, 크트프 – 래내매, 크트프 – 레네메, 크트프 – 리니미, 크트
  프 – 르느므

6)

- 크트프 – 루무누, 크트프 – 로모노, 크트프 – 러머너, 크트프 – 라
마나, 크트프 – 래매내, 크트프 – 레메네, 크트프 – 리미니, 크트
프 – 르므느

7)

- 크트프 – 므르누, 크트프 – 므르노, 크트프 – 므르너, 크트프 – 므
르나, 크트프 – 므르내, 크트프 – 므르네, 크트프 – 므르니, 크트
프 – 므르느

8)

- 크트프 – 므느루, 크트프 – 므느로, 크트프 – 므느러, 크트프 – 므
느라, 크트프 – 므느래, 크트프 – 므느레, 크트프 – 므느리, 크트
프 – 므느르

9)

- 크트프 – 느므루, 크트프 – 느므로, 크트프 – 느므러, 크트프 – 느
므라, 크트프 – 느므래, 크트프 – 느므레, 크트프 – 느므리, 크트
프 – 느므르

10)

- 크트프 – 느르무, 크트프 – 느르모, 크트프 – 느르머, 크트프 – 느
르마, 크트프 – 느르매, 크트프 – 느르메, 크트프 – 느르미, 크트
프 – 느르므

11)

- 크트프 – 르느무, 크트프 – 르느모, 크트프 – 르느머, 크트프 – 르
느마, 크트프 – 르느매, 크트프 – 르느메, 크트프 – 르느미, 크트
프 – 르느므

12)

- 크트프 – 르므누, 크트프 – 르므노, 크트프 – 르므너, 크트프 – 르

므나, 크트프－르므내, 크트프－르므네, 크트프－르므니, 크트
프－르므느

13〉

- 크프트－무루누, 크프트－모로노, 크프트－머러너, 크프트－마
라나, 크프트－매래내, 크프트－메레네, 크프트－미리니, 크프
트－므르느

4-9. 복합적인 음절조합

1〉 ㄱ－ㄷ－ㅂ
- 그드부－그드보－그드버－그드바－그드배－그드베－그드비－
그드브
- 구두부－고도보－거더버－가다바－개대배－게데베－기디비－
그드브

2〉 ㅂ－ㄷ－ㄱ
- 브드구－브드고－브드거－브드가－브드개－브드게－브드기－
브드그
- 부두구－보도고－버더거－바다가－배대개－베데게－비디기－
브드그

3〉 ㄲ－ㄸ－ㅃ
- 끄뜨뿌－끄뜨뽀－끄뜨뻐－끄뜨빠－끄뜨빼－끄뜨뻬－끄뜨삐－
끄뜨쁘
- 꾸뚜뿌－꼬또뽀－꺼떠뻐－까따빠－깨때빼－께떼뻬－끼띠삐－
끄뜨쁘

4〉 ㅃ－ㄸ－ㄲ
- 쁘뜨꾸－쁘뜨꼬－쁘뜨꺼－쁘뜨까－쁘뜨깨－쁘뜨께－쁘뜨끼－
쁘뜨끄

- 뿌뚜꾸 – 뽀또꼬 – 뻐떠꺼 – 빠따까 – 빼때깨 – 뻬떼께 – 삐띠끼 – 쁘뜨끄

5) ㅋ – ㅌ – ㅍ
- 크트푸 – 크트포 – 크트퍼 – 크트파 – 크트패 – 크트페 – 크트피 – 크트프
- 쿠투푸 – 코토포 – 커터퍼 – 카타파 – 캐태패 – 케테페 – 키티피 – 크트프

6) ㅍ – ㅌ – ㅋ
- 프트쿠 – 프트코 – 프트커 – 프트카 – 프트캐 – 프트케 – 프트키 – 프트크
- 푸투쿠 – 포토코 – 퍼터커 – 파타카 – 패태캐 – 페테케 – 피티키 – 프트크

7) ㄱ – ㅈ – ㄷ – ㅂ
- 그즈드부 – 그즈드보 – 그즈드버 – 그즈드바 – 그즈드배 – 그즈드베 – 그즈드비 – 그즈드브
- 구주두부 – 고조도보 – 거저더버 – 가자다바 – 개재대배 – 게제데베 – 기지디비 – 그즈드브

8) ㅂ – ㄷ – ㅈ – ㄱ
- 브드즈구 – 브드즈고 – 브드즈거 – 브드즈가 – 브드즈개 – 브드즈게 – 브드즈기 – 브드즈그
- 부두주구 – 보도조고 – 버더저거 – 바다자가 – 배대재개 – 베데제게 – 비디지기 – 브드즈그

9) ㄲ – ㅉ – ㄸ – ㅃ
- 끄쯔뜨뿌 – 끄쯔뜨뽀 – 끄쯔뜨뻐 – 끄쯔뜨빠 – 끄쯔뜨빼 – 끄쯔뜨뻬 – 끄쯔뜨삐 – 끄쯔뜨쁘
- 꾸쭈뚜뿌 – 꼬쪼또뽀 – 꺼쩌떠뻐 – 까짜따빠 – 깨째때빼 – 께쩨떼

삐 – 끼찌띠삐 – 끄쯔뜨쁘

10〉 ㅃ – ㄸ – ㅉ – ㄲ

- 쁘뜨쯔꾸 – 쁘뜨쯔꼬 – 쁘뜨쯔꺼 – 쁘뜨쯔까 – 쁘뜨쯔깨 – 쁘뜨쯔
께 – 쁘뜨쯔끼 – 쁘뜨쯔끄

- 뿌뚜쭈꾸 – 뽀또쪼꼬 – 뻐떠쩌꺼 – 빠따짜까 – 빼때째깨 – 뻬떼쩨
께 – 삐띠찌끼 – 쁘뜨쯔끄

11〉 ㅋ – ㅊ – ㅌ – ㅍ

- 크츠트푸 – 크츠트포 – 크츠트퍼 – 크츠트파 – 크츠트패 – 크츠트
페 – 크츠트피 – 크츠트프

- 쿠추투푸 – 코초토포 – 커처터퍼 – 카차타파 – 캐채태패 – 케체테
페 – 키치티피 – 크츠트프

12〉 ㅍ – ㅌ – ㅊ – ㅋ

- 프트츠쿠 – 프트츠코 – 프트츠커 – 프트츠카 – 프트츠캐 – 프트츠
케 – 프트츠키 – 프트츠크

- 푸투추쿠 – 포토초코 – 퍼터처커 – 파타차카 – 패태채캐 – 페테체
케 – 피티치키 – 프트츠크

13〉 ㅂ – ㄷ – ㄱ – ㅈ

- 브드그주 – 브드그조 – 브드그저 – 브드그자 – 브드그재 – 브드그
제 – 브드그지 – 브드그즈

- 부두구주 – 보도고조 – 버더거저 – 바다가자 – 배대개재 – 베데게
제 – 비디기지 – 브드그즈

14〉 ㅈ – ㄱ – ㄷ – ㅂ

- 즈그드부 – 즈그드보 – 즈그드버 – 즈그드바 – 즈그드배 – 즈그드
베 – 즈그드비 – 즈그드브

- 주구두부 – 조고도보 – 저거더버 – 자가다바 – 재개대배 – 제게데
베 – 지기디비 – 즈그드브

15〉 ㄱ－ㅈ－ㅅ

- 그즈수－그즈소－그즈서－그즈사－그즈새－그즈세－그즈시－
  그즈스
- 구주수－고조소－거저서－가자사－개재새－게제세－기지시－
  그즈스

16〉 ㅅ－ㅈ－ㄱ

- 스즈구－스즈고－스즈거－스즈가－스즈개－스즈게－스즈기－
  스즈그
- 수주구－소조고－서저거－사자가－새재개－세제게－시지기－
  스즈그

17〉 ㄷ－ㄱ－ㅈ－ㅅ

- 드그즈수－드그즈소－드그즈서－드그즈사－드그즈새－드그즈
  세－드그즈시－드그즈스
- 두구주수－도고조소－더거저서－다가자사－대개재새－데게제
  세－디기지시－드그즈스

18〉 ㅅ－ㅈ－ㄱ－ㄷ

- 스즈그두－스즈그도－스즈그더－스즈그다－스즈그대－스즈그
  데－스즈그디－스즈그드
- 수주구두－소조고도－서저거더－사자가다－새재개대－세제게
  데－시지기디－스즈그드

19〉 ㅂ－ㄷ－ㄱ－ㅈ－ㅅ

- 브드그즈수－브드그즈소－브드그즈서－브드그즈사－브드그즈
  새－브드그즈세－브드그즈시－브드그즈스
- 부두구주수－보도고조소－버더거저서－바다가자사－배대개재
  새－베데게제세－비디기지시－ㅂ드그즈스

20〉 ㅅ - ㅈ - ㄱ - ㄷ - ㅂ

- 스즈그드부 - 스즈그드보 - 스즈그드버 - 스즈그드바 - 스즈그드배 - 스즈그드베 - 스즈그드ㅂ - 스즈그드브

- 수주구두부 - 소조고도보 - 서저거더버 - 사자가다바 - 새재개대배 - 세제게데베 - 시지기디비 - 스즈그드브

5) 자음순서에 따른 음절조합

자음순서에 따른 다양한 음절조합들을 사용하여 훈련하여 보자.

〈(ㄱ,ㄴ,ㄷ,ㄹ,ㅁ,ㅂ,ㅅ,ㅇ)+[ㅡ]〉+〈구,누,두,루,무,부,수,우,주,추,쿠,투,푸,후〉

- 그구 - 느구 - 드구 - 르구 - 므구 - 브구 - 스구 - 으구
- 그누 - 느누 - 드누 - 르누 - 므누 - 브누 - 스누 - 으누
- 그두 - 느두 - 드두 - 르두 - 므두 - 브두 - 스두 - 으두.
- 그루 - 느루 - 드루 - 르루 - 므루 - 브루 - 스루 - 으루
- 그무 - 느무 - 드무 - 르무 - 므무 - 브무 - 스무 - 으무
- 그부 - 느부 - 드부 - 르부 - 므부 - 브부 - 스부 - 으부
- 그수 - 느수 - 드수 - 르수 - 므수 - 브수 - 스수 - 으수
- 그우 - 느우 - 드우 - 르우 - 므우 - 브우 - 스우 - 으우
- 그주 - 느주 - 드주 - 르주 - 므주 - 브주 - 스주 - 으주
- 그추 - 느추 - 드추 - 르추 - 므추 - 브추 - 스추 - 으추
- 그쿠 - 느쿠 - 드쿠 - 르쿠 - 므쿠 - 브쿠 - 스쿠 - 으쿠
- 그투 - 느투 - 드투 - 르투 - 므투 - 브투 - 스투 - 으투
- 그푸 - 느푸 - 드푸 - 르푸 - 므푸 - 브푸 - 스푸 - 으푸
- 그후 - 느후 - 드후 - 르후 - 므후 - 브후 - 스후 - 으후

- 느구 – 느고 – 느거 – 느가 – 느개 – 느게 – 느기 – 느그
- 느누 – 느노 – 느너 – 느나 – 느내 – 느네 – 느니 – 느느
- 느두 – 느도 – 느더 – 느다 – 느대 – 느데 – 느디 – 느드
- 느루 – 느로 – 느러 – 느라 – 느래 – 느레 – 느리 – 느르
- 느무 – 느모 – 느머 – 느마 – 느매 – 느메 – 느미 – 느므
- 느부 – 느보 – 느버 – 느바 – 느배 – 느베 – 느비 – 느브
- 느수 – 느소 – 느서 – 느사 – 느새 – 느세 – 느시 – 느스
- 느우 – 느오 – 느어 – 느아 – 느애 – 느에 – 느이 – 느으
- 느주 – 느조 – 느저 – 느자 – 느재 – 느제 – 느지 – 느즈
- 느추 – 느초 – 느처 – 느차 – 느채 – 느체 – 느치 – 느츠
- 느쿠 – 느코 – 느커 – 느카 – 느캐 – 느케 – 느키 – 느크
- 느투 – 느토 – 느터 – 느타 – 느태 – 느테 – 느티 – 느트
- 느푸 – 느포 – 느퍼 – 느파 – 느패 – 느페 – 느피 – 느프
- 느후 – 느호 – 느허 – 느하 – 느해 – 느혜 – 느히 – 느흐

- 드구 – 드고 – 드거 – 드가 – 드개 – 드게 – 드기 – 드그
- 드누 – 드노 – 드너 – 드나 – 드내 – 드네 – 드니 – 드느
- 드두 – 드도 – 드더 – 드다 – 드대 – 드데 – 드디 – 드드
- 드루 – 드로 – 드러 – 드라 – 드래 – 드레 – 드리 – 드르
- 드무 – 드모 – 드머 – 드마 – 드매 – 드메 – 드미 – 드므
- 드부 – 드보 – 드버 – 드바 – 드배 – 드베 – 드비 – 드브
- 드수 – 드소 – 드서 – 드사 – 드새 – 드세 – 드시 – 드스
- 드우 – 드오 – 드어 – 드아 – 드애 – 드에 – 드이 – 드으
- 드주 – 드조 – 드저 – 드자 – 드재 – 드제 – 드지 – 드즈
- 드추 – 드초 – 드처 – 드차 – 드채 – 드체 – 드치 – 드츠
- 드쿠 – 드코 – 드커 – 드카 – 드캐 – 드케 – 드키 – 드크

- 드투 – 드토 – 드터 – 드타 – 드태 – 드테 – 드티 – 드트
- 드푸 – 드포 – 드퍼 – 드파 – 드패 – 드페 – 드피 – 드프
- 드후 – 드호 – 드허 – 드하 – 드해 – 드헤 – 드히 – 드흐

- 르구 – 르고 – 르거 – 르가 – 르개 – 르게 – 르기 – 르그
- 르누 – 르노 – 르너 – 르나 – 르내 – 르네 – 르니 – 르느
- 르두 – 르도 – 르더 – 르다 – 르대 – 르데 – 르디 – 르드
- 르무 – 르모 – 르머 – 르마 – 르매 – 르메 – 르미 – 르므
- 르부 – 르보 – 르버 – 르바 – 르배 – 르베 – 르비 – 르브
- 르수 – 르소 – 르서 – 르사 – 르새 – 르세 – 르시 – 르스
- 르우 – 르오 – 르어 – 르아 – 르애 – 르에 – 르이 – 르으
- 르주 – 르조 – 르저 – 르자 – 르재 – 르제 – 르지 – 르즈
- 르추 – 르초 – 르처 – 르차 – 르채 – 르체 – 르치 – 르츠
- 르쿠 – 르코 – 르커 – 르카 – 르캐 – 르케 – 르키 – 르크
- 르투 – 르토 – 르터 – 르타 – 르태 – 르테 – 르티 – 르트
- 르푸 – 르포 – 르퍼 – 르파 – 르패 – 르페 – 르피 – 르프
- 르후 – 르호 – 르허 – 르하 – 르해 – 르헤 – 르히 – 르흐

- 므구 – 므고 – 므거 – 므가 – 므개 – 므게 – 므기 – 므그
- 므누 – 므노 – 므너 – 므나 – 므내 – 므네 – 므니 – 므느
- 므두 – 므도 – 므더 – 므다 – 므대 – 므데 – 므디 – 므드
- 므루 – 므로 – 므러 – 므라 – 므래 – 므레 – 므리 – 므르
- 므무 – 므모 – 므머 – 므마 – 므매 – 므메 – 므미 – 므므
- 므부 – 므보 – 므버 – 므바 – 므배 – 므베 – 므비 – 므브
- 므수 – 므소 – 므서 – 므사 – 므새 – 므세 – 므시 – 므스
- 므우 – 므오 – 므어 – 므아 – 므애 – 므에 – 므이 – 므으

- 므주 – 므조 – 므저 – 므자 – 므재 – 므제 – 므지 – 므즈
- 므추 – 므초 – 므처 – 므차 – 므채 – 므체 – 므치 – 므츠
- 므쿠 – 므코 – 므커 – 므카 – 므캐 – 므케 – 므키 – 므크
- 므투 – 므토 – 므터 – 므타 – 므태 – 므테 – 므티 – 므트
- 므푸 – 므포 – 므퍼 – 므파 – 므패 – 므페 – 므피 – 므프
- 므후 – 므호 – 므허 – 므하 – 므해 – 므헤 – 므히 – 므흐

- 브구 – 브고 – 브거 – 브가 – 브개 – 브게 – 브기 – 브그
- 브누 – 브노 – 브너 – 브나 – 브내 – 브네 – 브니 – 브느
- 브두 – 브도 – 브더 – 브다 – 브대 – 브데 – 브디 – 브드
- 브루 – 브로 – 브러 – 브라 – 브래 – 브레 – 브리 – 브르
- 브무 – 브모 – 브머 – 브마 – 브매 – 브메 – 브미 – 브므
- 브부 – 브보 – 브버 – 브바 – 브배 – 브베 – 브비 – 브브
- 브수 – 브소 – 브서 – 브사 – 브새 – 브세 – 브시 – 브스
- 브우 – 브오 – 브어 – 브아 – 브애 – 브에 – 브이 – 브으
- 브주 – 브조 – 브저 – 브자 – 브재 – 브제 – 브지 – 브즈
- 브추 – 브초 – 브처 – 브차 – 브채 – 브체 – 브치 – 브츠
- 브쿠 – 브코 – 브커 – 브카 – 브캐 – 브케 – 브키 – 브크
- 브투 – 브토 – 브터 – 브타 – 브태 – 브테 – 브티 – 브트
- 브푸 – 브포 – 브퍼 – 브파 – 브패 – 브페 – 브피 – 브프
- 브후 – 브호 – 브허 – 브하 – 브해 – 브헤 – 브히 – 브흐

- 스구 – 스고 – 스거 – 스가 – 스개 – 스게 – 스기 – 스그
- 스누 – 스노 – 스너 – 스나 – 스내 – 스네 – 스니 – 스느
- 스두 – 스도 – 스더 – 스다 – 스대 – 스데 – 스디 – 스드
- 스루 – 스로 – 스러 – 스라 – 스래 – 스레 – 스리 – 스르

- 스무 – 스모 – 스머 – 스마 – 스매 – 스메 – 스미 – 스므
- 스부 – 스보 – 스버 – 스바 – 스배 – 스베 – 스비 – 스브
- 스수 – 스소 – 스서 – 스사 – 스새 – 스세 – 스시 – 스스
- 스우 – 스오 – 스어 – 스아 – 스애 – 스에 – 스이 – 스으
- 스주 – 스조 – 스저 – 스자 – 스재 – 스제 – 스지 – 스즈
- 스추 – 스초 – 스처 – 스차 – 스채 – 스체 – 스치 – 스츠
- 스쿠 – 스코 – 스커 – 스카 – 스캐 – 스케 – 스키 – 스크
- 스투 – 스토 – 스터 – 스타 – 스태 – 스테 – 스티 – 스트
- 스푸 – 스포 – 스퍼 – 스파 – 스패 – 스페 – 스피 – 스프
- 스후 – 스호 – 스허 – 스하 – 스해 – 스헤 – 스히 – 스흐

- 으구 – 으고 – 으거 – 으가 – 으개 – 으게 – 으기 – 으그
- 으누 – 으노 – 으너 – 으나 – 으내 – 으네 – 으니 – 으느
- 으두 – 으도 – 으더 – 으다 – 으대 – 으데 – 으디 – 으드
- 으루 – 으로 – 으러 – 으라 – 으래 – 으레 – 으리 – 으르
- 으무 – 으모 – 으머 – 으마 – 으매 – 으메 – 으미 – 으므
- 으부 – 으보 – 으버 – 으바 – 으배 – 으베 – 으비 – 으브
- 으수 – 으소 – 으서 – 으사 – 으새 – 으세 – 으시 – 으스
- 으우 – 으오 – 으어 – 으아 – 으애 – 으에 – 으이 – 으으
- 으주 – 으조 – 으저 – 으자 – 으재 – 으제 – 으지 – 으즈
- 으추 – 으초 – 으처 – 으차 – 으채 – 으체 – 으치 – 으츠
- 으쿠 – 으코 – 으커 – 으카 – 으캐 – 으케 – 으키 – 으크
- 으투 – 으토 – 으터 – 으타 – 으태 – 으테 – 으티 – 으트
- 으푸 – 으포 – 으퍼 – 으파 – 으패 – 으페 – 으피 – 으프
- 으후 – 으호 – 으허 – 으하 – 으해 – 으헤 – 으히 – 으흐

- 즈구 – 즈고 – 즈거 – 즈가 – 즈개 – 즈게 – 즈기 – 즈그
- 즈누 – 즈노 – 즈너 – 즈나 – 즈내 – 즈네 – 즈니 – 즈느
- 즈두 – 즈도 – 즈더 – 즈다 – 즈대 – 즈데 – 즈디 – 즈드
- 즈루 – 즈로 – 즈러 – 즈라 – 즈래 – 즈레 – 즈리 – 즈르
- 즈무 – 즈모 – 즈머 – 즈마 – 즈매 – 즈메 – 즈미 – 즈므
- 즈부 – 즈보 – 즈버 – 즈바 – 즈배 – 즈베 – 즈비 – 즈브
- 즈수 – 즈소 – 즈서 – 즈사 – 즈새 – 즈세 – 즈시 – 즈스
- 즈우 – 즈오 – 즈어 – 즈아 – 즈애 – 즈에 – 즈이 – 즈으
- 즈주 – 즈조 – 즈저 – 즈자 – 즈재 – 즈제 – 즈지 – 즈즈
- 즈추 – 즈초 – 즈처 – 즈차 – 즈채 – 즈체 – 즈치 – 즈츠
- 즈쿠 – 즈코 – 즈커 – 즈카 – 즈캐 – 즈케 – 즈키 – 즈크
- 즈투 – 즈토 – 즈터 – 즈타 – 즈태 – 즈테 – 즈티 – 즈트
- 즈푸 – 즈포 – 즈퍼 – 즈파 – 즈패 – 즈페 – 즈피 – 즈프
- 즈후 – 즈호 – 즈허 – 즈하 – 즈해 – 즈헤 – 즈히 – 즈흐

- 츠구 – 츠고 – 츠거 – 츠가 – 츠개 – 츠게 – 츠기 – 츠그
- 츠누 – 츠노 – 츠너 – 츠나 – 츠내 – 츠네 – 츠니 – 츠느
- 츠두 – 츠도 – 츠더 – 츠다 – 츠대 – 츠데 – 츠디 – 츠드
- 츠루 – 츠로 – 츠러 – 츠라 – 츠래 – 츠레 – 츠리 – 츠르
- 츠무 – 츠모 – 츠머 – 츠마 – 츠매 – 츠메 – 츠미 – 츠므
- 츠부 – 츠보 – 츠버 – 츠바 – 츠배 – 츠베 – 츠비 – 츠브
- 츠수 – 츠소 – 츠서 – 츠사 – 츠새 – 츠세 – 츠시 – 츠스
- 츠우 – 츠오 – 츠어 – 츠아 – 츠애 – 츠에 – 츠이 – 츠으
- 츠주 – 츠조 – 츠저 – 츠자 – 츠재 – 츠제 – 츠지 – 츠즈
- 츠추 – 츠초 – 츠처 – 츠차 – 츠채 – 츠체 – 츠치 – 츠츠
- 츠쿠 – 츠코 – 츠커 – 츠카 – 츠캐 – 츠케 – 츠키 – 츠크

- 츠투 – 츠토 – 츠터 – 츠타 – 츠태 – 츠테 – 츠티 – 츠트
- 츠푸 – 츠포 – 츠퍼 – 츠파 – 츠패 – 츠페 – 츠피 – 츠프
- 츠후 – 츠호 – 츠허 – 츠하 – 츠해 – 츠헤 – 츠히 – 츠흐

- 크구 – 크고 – 크거 – 크가 – 크개 – 크게 – 크기 – 크그
- 크누 – 크노 – 크너 – 크나 – 크내 – 크네 – 크니 – 크느
- 크두 – 크도 – 크더 – 크다 – 크대 – 크데 – 크디 – 크드
- 크루 – 크로 – 크러 – 크라 – 크래 – 크레 – 크리 – 크르
- 크무 – 크모 – 크머 – 크마 – 크매 – 크메 – 크미 – 크므
- 크부 – 크보 – 크버 – 크바 – 크배 – 크베 – 크비 – 크브
- 크수 – 크소 – 크서 – 크사 – 크새 – 크세 – 크시 – 크스
- 크우 – 크오 – 크어 – 크아 – 크애 – 크에 – 크이 – 크으
- 크주 – 크조 – 크저 – 크자 – 크재 – 크제 – 크지 – 크즈
- 크추 – 크초 – 크처 – 크차 – 크채 – 크체 – 크치 – 크츠
- 크쿠 – 크코 – 크커 – 크카 – 크캐 – 크케 – 크키 – 크크
- 크투 – 크토 – 크터 – 크타 – 크태 – 크테 – 크티 – 크트
- 크푸 – 크포 – 크퍼 – 크파 – 크패 – 크페 – 크피 – 크프
- 크후 – 크호 – 크허 – 크하 – 크해 – 크헤 – 크히 – 크흐

- 트구 – 트고 – 트거 – 트가 – 트개 – 트게 – 트기 – 트그
- 트누 – 트노 – 트너 – 트나 – 트내 – 트네 – 트나 – 트느
- 트두 – 트도 – 트더 – 트다 – 트대 – 트데 – 트디 – 트드
- 트루 – 트로 – 트러 – 트라 – 트래 – 트레 – 트리 – 트르
- 트무 – 트모 – 트머 – 트마 – 트매 – 트메 – 트미 – 트므
- 트부 – 트보 – 트버 – 트바 – 트배 – 트베 – 트비 – 트브
- 트수 – 트소 – 트서 – 트사 – 트새 – 트세 – 트시 – 트스

- 트우 – 트오 – 트어 – 트아 – 트애 – 트에 – 트이 – 트으
- 트주 – 트조 – 트저 – 트자 – 트재 – 트제 – 트지 – 트즈
- 트추 – 트초 – 트처 – 트차 – 트채 – 트체 – 트치 – 트츠
- 트쿠 – 트코 – 트커 – 트카 – 트캐 – 트케 – 트키 – 트크
- 트투 – 트토 – 트터 – 트타 – 트태 – 트테 – 트티 – 트트
- 트푸 – 트포 – 트퍼 – 트파 – 트패 – 트페 – 트피 – 트프
- 트후 – 트호 – 트허 – 트하 – 트해 – 트헤 – 트히 – 트흐

- 프구 – 프고 – 프거 – 프가 – 프개 – 프게 – 프기 – 프그
- 프누 – 프노 – 프너 – 프나 – 프내 – 프네 – 프니 – 프느
- 프두 – 프도 – 프더 – 프다 – 프대 – 프데 – 프디 – 프드
- 프루 – 프로 – 프러 – 프라 – 프래 – 프레 – 프리 – 프르
- 프무 – 프모 – 프머 – 프마 – 프매 – 프메 – 프미 – 프므
- 프부 – 프보 – 프버 – 프바 – 프배 – 프베 – 프비 – 프브
- 프수 – 프소 – 프서 – 프사 – 프새 – 프세 – 프시 – 프스
- 프우 – 프오 – 프어 – 프아 – 프애 – 프에 – 프이 – 프으
- 프주 – 프조 – 프저 – 프자 – 프재 – 프제 – 프지 – 프즈
- 프추 – 프초 – 프처 – 프차 – 프채 – 프체 – 프치 – 프츠
- 프쿠 – 프코 – 프커 – 프카 – 프캐 – 프케 – 프키 – 프크
- 프투 – 프토 – 프터 – 프타 – 프태 – 프테 – 프티 – 프트
- 프푸 – 프포 – 프퍼 – 프파 – 프패 – 프페 – 프피 – 프프
- 프후 – 프호 – 프허 – 프하 – 프해 – 프헤 – 프히 – 프흐

- 흐구 – 흐고 – 흐거 – 흐가 – 흐개 – 흐게 – 흐기 – 흐그
- 흐누 – 흐노 – 흐너 – 흐나 – 흐내 – 흐네 – 흐니 – 흐느
- 흐두 – 흐도 – 흐더 – 흐다 – 흐대 – 흐데 – 흐디 – 흐드

- 흐루– 흐로– 흐러– 흐라– 흐래– 흐레– 흐리– 흐르
- 흐무– 흐모– 흐머– 흐마– 흐매– 흐메– 흐미– 흐므
- 흐부– 흐보– 흐버– 흐바– 흐배– 흐베– 흐비– 흐브
- 흐수– 흐소– 흐서– 흐사– 흐새– 흐세– 흐시– 흐스
- 흐우– 흐오– 흐어– 흐아– 흐애– 흐에– 흐이– 흐으
- 흐주– 흐조– 흐저– 흐자– 흐재– 흐제– 흐지– 흐즈
- 흐추– 흐초– 흐처– 흐차– 흐채– 흐체– 흐치– 흐츠
- 흐쿠– 흐코– 흐커– 흐카– 흐캐– 흐케– 흐키– 흐크
- 흐투– 흐토– 흐터– 흐타– 흐태– 흐테– 흐티– 흐트
- 흐푸– 흐포– 흐퍼– 흐파– 흐패– 흐페– 흐피– 흐프
- 흐후– 흐호– 흐허– 흐하– 흐해– 흐헤– 흐히– 흐흐

6) 아래받침

아래받침을 훈련하자.

(ㄱ,ㄴ,ㄷ,ㄹ,ㅁ,ㅂ,ㅅ,ㅇ,ㅈ,ㅊ,ㅋ,ㅌ,ㅍ,ㅎ+[ㅜ]+ㄱ,ㄴ,ㄷ,ㄹ,ㅁ,ㅂ,ㅇ)

- 국– 군– 굳– 굴– 굼– 굽– 궁
- 눅– 눈– 눋– 눌– 눔– 눕– 눙
- 둑– 둔– 둗– 둘– 둠– 둡– 둥
- 룩– 룬– 룯– 룰– 룸– 룹– 룽
- 묵– 문– 묻– 물– 뭄– 뭅– 뭉
- 북– 분– 붇– 불– 붐– 붑– 붕
- 숙– 순– 숟– 술– 숨– 숩– 숭
- 욱– 운– 욷– 울– 움– 웁– 웅

- 죽 – 준 – 줃 – 줄 – 줌 – 줍 – 중
- 축 – 춘 – 춛 – 출 – 춤 – 춥 – 충
- 쿡 – 쿤 – 쿤 – 쿨 – 쿰 – 쿱 – 쿵
- 툭 – 툰 – 툳 – 툴 – 툼 – 툽 – 퉁
- 푹 – 푼 – 푿 – 풀 – 품 – 풉 – 풍
- 훅 – 훈 – 훋 – 훌 – 훔 – 훕 – 훙

(ㄱ,ㄴ,ㄷ,ㄹ,ㅁ,ㅂ,ㅅ,ㅇ,ㅈ,ㅊ,ㅋ,ㅌ,ㅍ,ㅎ+[ㅗ]+ㄱ,ㄴ,ㄷ,ㄹ,ㅁ,ㅂ,ㅇ)

- 곡 – 곤 – 곧 – 골 – 곰 – 곱 – 공
- 녹 – 논 – 녿 – 놀 – 놈 – 놉 – 농
- 독 – 돈 – 돋 – 돌 – 돔 – 돕 – 동
- 록 – 론 – 롣 – 롤 – 롬 – 롭 – 롱
- 목 – 몬 – 몯 – 몰 – 몸 – 몹 – 몽
- 복 – 본 – 볻 – 볼 – 봄 – 봅 – 봉
- 속 – 손 – 솓 – 솔 – 솜 – 솝 – 송
- 옥 – 온 – 옫 – 올 – 옴 – 옵 – 옹
- 족 – 존 – 졷 – 졸 – 좀 – 좁 – 종
- 촉 – 촌 – 촏 – 촐 – 촘 – 촙 – 총
- 콕 – 콘 – 콛 – 콜 – 콤 – 콥 – 콩
- 톡 – 톤 – 톧 – 톨 – 톰 – 톱 – 통
- 폭 – 폰 – 폳 – 폴 – 폼 – 폽 – 퐁
- 혹 – 혼 – 혿 – 홀 – 홈 – 홉 – 홍

(ㄱ,ㄴ,ㄷ,ㄹ,ㅁ,ㅂ,ㅅ,ㅇ,ㅈ,ㅊ,ㅋ,ㅌ,ㅍ,ㅎ+[ㅓ]+ㄱ,ㄴ,ㄷ,ㄹ,ㅁ,
ㅂ,ㅇ)

- 걱-건-걷-걸-검-겁-겅
- 넉-넌-넏-널-넘-넙-넝
- 덕-던-덛-덜-덤-덥-덩
- 럭-런-럳-럴-럼-럽-렁
- 먹-먼-먿-멀-멈-멉-멍
- 벅-번-벋-벌-범-법-벙
- 석-선-섣-설-섬-섭-성
- 억-언-얻-얼-엄-업-엉
- 적-전-젇-절-점-접-정
- 척-천-첟-철-첨-첩-청
- 컥-컨-컫-컬-컴-컵-컹
- 턱-턴-턷-털-텀-텁-텅
- 퍽-펀-펃-펄-펌-펍-펑
- 헉-헌-헏-헐-험-헙-헝

(ㄱ,ㄴ,ㄷ,ㄹ,ㅁ,ㅂ,ㅅ,ㅇ,ㅈ,ㅊ,ㅋ,ㅌ,ㅍ,ㅎ+[ㅏ]+ㄱ,ㄴ,ㄷ,ㄹ,ㅁ,
ㅂ,ㅇ)

- 각-간-갇-갈-감-갑-강
- 낙-난-낟-날-남-납-낭
- 닥-단-닫-달-담-답-당
- 락-란-랃-랄-람-랍-랑
- 막-만-맏-말-맘-맙-망
- 박-반-받-발-밤-밥-방
- 삭-산-삳-살-삼-삽-상

- 악 - 안 - 앋 - 알 - 암 - 압 - 앙
- 작 - 잔 - 잗 - 잘 - 잠 - 잡 - 장
- 착 - 찬 - 찯 - 찰 - 참 - 찹 - 창
- 칵 - 칸 - 칻 - 칼 - 캄 - 캅 - 캉
- 탁 - 탄 - 탇 - 탈 - 탐 - 탑 - 탕
- 팍 - 판 - 팓 - 팔 - 팜 - 팝 - 팡
- 학 - 한 - 핟 - 할 - 함 - 합 - 항

(ㄱ,ㄴ,ㄷ,ㄹ,ㅁ,ㅂ,ㅅ,ㅇ,ㅈ,ㅊ,ㅋ,ㅌ,ㅍ,ㅎ+[ㅐ]+ㄱ,ㄴ,ㄷ,ㄹ,ㅁ,ㅂ,ㅇ)

- 객 - 갠 - 갣 - 갤 - 갬 - 갭 - 갱
- 낵 - 낸 - 낻 - 낼 - 냄 - 냅 - 냉
- 댁 - 댄 - 댇 - 델 - 댐 - 댑 - 댕
- 랙 - 랜 - 랟 - 랠 - 램 - 랩 - 랭
- 맥 - 맨 - 맫 - 맬 - 맴 - 맵 - 맹
- 백 - 밴 - 밷 - 밸 - 뱀 - 뱁 - 뱅
- 색 - 샌 - 샏 - 샐 - 샘 - 샙 - 생
- 액 - 앤 - 앧 - 앨 - 앰 - 앱 - 앵
- 잭 - 잰 - 잳 - 잴 - 잼 - 잽 - 쟁
- 책 - 챈 - 챋 - 챌 - 챔 - 챕 - 챙
- 캑 - 캔 - 캔 - 캘 - 캠 - 캡 - 캥
- 택 - 탠 - 탣 - 탤 - 탬 - 탭 - 탱
- 팩 - 팬 - 팯 - 팰 - 팸 - 팹 - 팽
- 핵 - 핸 - 핻 - 핼 - 햄 - 햅 - 행

(ㄱ,ㄴ,ㄷ,ㄹ,ㅁ,ㅂ,ㅅ,ㅇ,ㅈ,ㅊ,ㅋ,ㅌ,ㅍ,ㅎ+[ㅔ]+ㄱ,ㄴ,ㄷ,ㄹ,ㅁ,
ㅂ,ㅇ)

- 겍ー겐ー겓ー겔ー겜ー겝ー겡
- 넥ー넨ー넫ー넬ー넴ー넵ー넹
- 덱ー덴ー덷ー델ー뎀ー뎁ー뎅
- 렉ー렌ー렏ー렐ー렘ー렙ー렝
- 멕ー멘ー멛ー멜ー멤ー멥ー멩
- 벡ー벤ー벧ー벨ー벰ー벱ー벵
- 섹ー센ー섿ー셀ー셈ー셉ー셍
- 엑ー엔ー엗ー엘ー엠ー엡ー엥
- 젝ー젠ー젣ー젤ー젬ー젭ー젱
- 첵ー첸ー첻ー첼ー쳄ー쳅ー쳉
- 켁ー켄ー켇ー켈ー켐ー켑ー켕
- 텍ー텐ー텥ー텔ー템ー텝ー텡
- 펙ー펜ー펟ー펠ー펨ー펩ー펭
- 헥ー헨ー헫ー헬ー헴ー헵ー헹

(ㄱ,ㄴ,ㄷ,ㄹ,ㅁ,ㅂ,ㅅ,ㅇ,ㅈ,ㅊ,ㅋ,ㅌ,ㅍ,ㅎ+[ㅣ]+ㄱ,ㄴ,ㄷ,ㄹ,ㅁ,
ㅂ,ㅇ)

- 긱ー긴ー긷ー길ー김ー깁ー깅
- 닉ー닌ー닏ー닐ー님ー닙ー닝
- 딕ー딘ー딛ー딜ー딤ー딥ー딩
- 릭ー린ー맅ー릴ー림ー립ー링
- 믹ー민ー믿ー밀ー밈ー밉ー밍
- 빅ー빈ー빋ー빌ー빔ー빕ー빙
- 식ー신ー싣ー실ー심ー십ー싱

- 익 – 인 – 읻 – 일 – 임 – 입 – 잉
- 직 – 진 – 짇 – 질 – 짐 – 집 – 징
- 칙 – 친 – 칟 – 칠 – 침 – 칩 – 칭
- 킥 – 킨 – 킫 – 킬 – 킴 – 킵 – 킹
- 틱 – 틴 – 틷 – 틸 – 팀 – 팁 – 팅
- 픽 – 핀 – 핃 – 필 – 핌 – 핍 – 핑
- 힉 – 힌 – 힏 – 힐 – 힘 – 힙 – 힝

(ㄱ,ㄴ,ㄷ,ㄹ,ㅁ,ㅂ,ㅅ,ㅇ,ㅈ,ㅊ,ㅋ,ㅌ,ㅍ,ㅎ+[ㅡ]+ㄱ,ㄴ,ㄷ,ㄹ,ㅁ,
ㅂ,ㅇ)

- 극 – 근 – 귿 – 글 – 금 – 급 – 긍
- 늑 – 는 – 늗 – 늘 – 늠 – 늡 – 능
- 득 – 든 – 듣 – 들 – 듬 – 듭 – 등
- 륵 – 른 – 륻 – 를 – 름 – 릅 – 릉
- 믁 – 믄 – 믇 – 믈 – 믐 – 믑 – 믕
- 븍 – 븐 – 븓 – 블 – 븜 – 븝 – 븽
- 슥 – 슨 – 슫 – 슬 – 슴 – 습 – 승
- 윽 – 은 – 읃 – 을 – 음 – 읍 – 웅
- 즉 – 즌 – 즏 – 즐 – 즘 – 즙 – 증
- 측 – 츤 – 츧 – 츨 – 츰 – 츱 – 층
- 큭 – 큰 – 큳 – 클 – 큼 – 큽 – 킁
- 특 – 튼 – 튿 – 틀 – 틈 – 틉 – 퉁
- 픅 – 픈 – 픋 – 플 – 픔 – 픕 – 픙
- 흑 – 흔 – 흗 – 흘 – 흠 – 흡 – 흥

ㄱ,ㄴ,ㄷ,ㄹ,ㅁ,ㅂ,ㅅ,ㅇ,ㅈ,ㅊ,ㅋ,ㅌ,ㅍ,ㅎ+단모음길+[ㄱ]

- 국－곡－걱－각－객－겍－긱－극
- 눅－녹－넉－낙－낵－넥－닉－늑
- 둑－독－덕－닥－댁－덱－딕－득
- 룩－록－럭－락－랙－렉－릭－륵
- 묵－목－먹－막－맥－멕－믹－믁
- 북－복－벅－박－백－벡－빅－븍
- 숙－속－석－삭－색－섹－식－슥
- 욱－옥－억－악－액－엑－익－윽
- 죽－족－적－작－잭－젝－직－즉
- 축－촉－척－착－책－첵－칙－측
- 쿡－콕－컥－칵－캑－켁－킥－큭
- 툭－톡－턱－탁－택－텍－틱－특
- 푹－폭－퍽－팍－팩－펙－픽－픅
- 훅－혹－헉－학－핵－헥－힉－흑

그(자음순서대로+[ㅡ])+ㄱ, ㄴ, ㄷ, ㄹ, ㅁ, ㅇ

- 극, 늑, 득, 륵, 믁, 븍, 슥, 윽, 즉, 측, 큭, 특, 픅, 흑
- 근, 는, 든, 른, 믄, 븐, 슨, 은, 즌, 츤, 큰, 튼, 픈, 흔
- 귿, 늗, 듣, 륻, 믇, 븓, 슫, 읃, 즏, 츧, 큳, 튿, 픋, 흗
- 글, 늘, 들, 를, 믈, 블, 슬, 을, 즐, 츨, 클, 틀, 플, 흘
- 금, 늠, 듬, 름, 픔, 븜, 슴, 음, 즘, 츰, 큼, 틈, 픔, 흠
- 긍, 능, 등, 릉, 믕, 븽, 승, 응, 증, 층, 킁, 틍, 픵, 흥

(유성자음 + 단모음길, 국－곡－걱－각－객－겍－긱－극)

- 무국－모곡－머걱－마각－매객－메겍－미긱－므극

- 누국 – 노곡 – 너격 – 나각 – 내객 – 네겍 – 니긱 – 느늑
- 우국 – 오곡 – 어격 – 아각 – 애객 – 에겍 – 이긱 – 으윽
- 루국 – 로곡 – 러격 – 라각 – 래객 – 레겍 – 리긱 – 르극

(유성자음 + [ㅡ], 국 – 곡 – 격 – 각 – 객 – 겍 – 긱 – 극)

- 므국 – 므곡 – 므격 – 므각 – 므객 – 므겍 – 므긱 – 므극
- 느국 – 느곡 – 느격 – 느각 – 느객 – 느겍 – 느긱 – 느극
- 으국 – 으곡 – 으격 – 으각 – 느객 – 으겍 – 으긱 – 으극
- 르국 – 르곡 – 르격 – 르각 – 르객 – 르겍 – 르긱 – 르극

7) 이중모음

이중모음을 사용하여 발음훈련을 하자.

1〉

([ㄱ]+소릿길, 그, [ㄱ]+이중모음, 그)

- 구그규그 – 고그교그 – 거그겨그 – 가그갸그 – 개그걔그 – 게그계
  그 – 기그긔그 – 그그긔그

([ㄱ]+이중모음, 기, [ㄱ]+소릿길, 기)

- 규기구기 – 교기고기 – 겨기거기 – 갸기가기 – 걔기개기 – 계기게
  기 – 긔기기기 – 긔기그기

([ㄱ]+이중모음, 그, [ㄱ]+이중모음, 기)

- 규그규기 – 교그교기 – 겨그겨기 – 갸그갸기 – 걔그걔기 – 계그계
  기 – 긔그긔기 – 긔그긔기

2〉

([ㄴ]+소릿길, 느, [ㄴ]+이중모음, 느)

- 누느뉴느 – 노느뇨느 – 너느녀느 – 나느냐느 – 내느냬느 – 네느녜

느 – 니느늬느 – 느느늬느

([ㄴ]+이중모음, 니, [ㄴ]+소릿길, 니)

- 뉴니누니 – 뇨니노니 – 녀니너니 – 냐니나니 – 내니내니 – 네니네
  니 – 늬니니니 – 늬니느니

([ㄴ]+이중모음, 느, [ㄴ]+이중모음, 니)

- 뉴느뉴니 – 뇨느뇨니 – 녀느녀니 – 냐느냐니 – 내느내니 – 네느네
  니 – 늬느늬니 – 늬느늬니

3〉

([ㄷ]+소릿길, 드, [ㄷ]+이중모음, 드)

- 두드듀드 – 도드됴드 – 더드뎌드 – 다드댜드 – 대드대드 – 데드데
  드 – 디드듸드 – 드드듸드

([ㄷ]+이중모음, 디, [ㄷ]+소릿길, 디)

- 듀디두디 – 됴디도디 – 뎌디더디 – 댜디다디 – 대디대디 – 데디데
  디 – 듸디디디 – 듸디드디

([ㄷ]+이중모음, 드, [ㄷ]+이중모음, 디)

- 듀드듀디 – 됴드됴디 – 뎌드뎌디 – 댜드댜디 – 대드대디 – 데드데
  디 – 듸드듸디 – 듸드듸디

4〉

([ㄹ]+소릿길, 르, [ㄹ]+이중모음, 르)

- 루르류르 – 로르료르 – 러르려르 – 라르랴르 – 래르래르 – 레르례
  르 – 리르릐르 – 르르릐르

([ㄹ]+이중모음, 리, [ㄹ]+소릿길, 리)

- 류리루리 – 료리로리 – 려리러리 – 랴리라리 – 래리래리 – 례리레
  리 – 릐리리리 – 릐리르리

([ㄹ]+이중모음, 르, [ㄹ]+이중모음, 리)

- 류르류리 – 료르료리 – 려르려리 – 랴르랴리 – 래르래리 – 례르례

리 – 릐르릐리 – 릐르릐리

5〉

([ㅁ]+소릿길, 므, [ㅁ]+이중모음, 므)

- 무므뮤므 – 모므묘므 – 머므며므 – 마므먀므 – 매므먜므 – 메므몌
  므 – 미므믜므 – 므므믜므

([ㅁ]+이중모음, 미, [ㅁ]+소릿길, 미)

- 뮤미무미 – 묘미모미 – 며미머미 – 먀미마미 – 먜미매미 – 몌미메
  미 – 믜미미미 – 믜미므미

([ㅁ]+이중모음, 므, [ㅁ]+이중모음, 미)

- 뮤므뮤미 – 묘므묘미 – 며므며미 – 먀므먀미 – 먜므먜미 – 몌므메
  미 – 믜므믜미 – 믜므믜미

6〉

([ㅂ]+소릿길, 브, [ㅂ]+이중모음, 브)

- 부브뷰브 – 보브뵤브 – 버브벼브 – 바브뱌브 – 배브뱨브 – 베브볘
  브 – 비브븨브 – 브브븨브

([ㅂ]+이중모음, 비, [ㅂ]+소릿길, 비)

- 뷰비부비 – 뵤비보비 – 벼비버비 – 뱌비바비 – 뱨비배비 – 볘비베
  비 – 븨비비비 – 븨비브비

([ㅂ]+이중모음, 브, [ㅂ]+이중모음, 비)

- 뷰브뷰비 – 뵤브뵤비 – 벼브벼비 – 뱌브뱌비 – 뱨브뱨비 – 볘브볘
  비 – 븨브븨비 – 븨브븨비

7〉

([ㅅ]+소릿길, 스, [ㅅ]+이중모음, 스)

- 수스슈스 – 소스쇼스 – 서스셔스 – 사스샤스 – 새스섀스 – 세스셰
  스 – 시스싀스 – 스스싀스

([ㅅ]+이중모음, 시, [ㅅ]+소릿길, 시)

- 슈시수시 – 쇼시소시 – 셔시서시 – 샤시사시 – 섀시섀시 – 셰시세
시 – 싀시시시 – 싀시스시

([ㅅ]+이중모음, 스, [ㅅ]+이중모음, 시)

- 슈스슈시 – 쇼스쇼시 – 셔스셔시 – 샤스샤시 – 섀스섀시 – 셰스세
시 – 싀스싀시 – 싀스싀시

8〉

([ㅇ]+소릿길, 으, [ㅇ]+이중모음, 으)

- 우으유으 – 오으요으 – 어으여으 – 아으야으 – 애으얘으 – 에으예
으 – 이으의으 – 으으의으

([ㅇ]+이중모음, 이, [ㅇ]+소릿길, 이)

- 유이우이 – 요이오이 – 여이어이 – 야이아이 – 얘이애이 – 예이에
이 – 의이이이 – 의이으이

([ㅇ]+이중모음, 으, [ㅇ]+이중모음, 이)

- 유으유이 – 요으요이 – 여으여이 – 야으야이 – 얘으애이 – 예으예
이 – 의으의이 – 의으의이

9〉

([ㅈ]+소릿길, 즈, [ㅈ]+이중모음, 즈)

- 주즈쥬즈 – 조즈죠즈 – 저즈져즈 – 자즈쟈즈 – 재즈쟤즈 – 제즈제
즈 – 지즈즤즈 – 즈즈즤즈

([ㅈ]+이중모음, 지, [ㅈ]+소릿길, 지)

- 쥬지주지 – 죠지조지 – 져지저지 – 쟈지자지 – 쟤지재지 – 졔지제
지 – 즤지지지 – 즤지즈지

([ㅈ]+이중모음, 즈, [ㅈ]+이중모음, 지)

- 쥬즈쥬지 – 죠즈죠지 – 져즈져지 – 쟈즈쟈지 – 재즈쟤지 – 제즈제
지 – 즤즈즤지 – 즤즈즤지

10〉

([ㅊ]+소릿길, 츠, [ㅊ]+이중모음, 츠)

- 추츠츄츠 – 초츠쵸츠 – 처츠쳐츠 – 차츠챠츠 – 채츠채츠 – 체츠체
  츠 – 치츠칙츠 – 츠츠칙츠

([ㅊ]+이중모음, 치, [ㅊ]+소릿길, 치)

- 츄치추치 – 쵸치초치 – 쳐치처치 – 챠치차치 – 채치채치 – 체치체
  치 – 칙치치치 – 칙치츠치

([ㅊ]+이중모음, 츠, [ㅊ]+이중모음, 치)

- 츄츠츄치 – 쵸츠쵸치 – 쳐츠쳐치 – 챠츠챠치 – 채츠채치 – 체츠체
  치 – 칙츠칙치 – 칙츠칙치

11〉

([ㅋ]+소릿길, 크, [ㅋ]+이중모음, 크)

- 쿠크큐크 – 코크쿄크 – 커크켜크 – 카크캬크 – 캐크캐크 – 케크케
  크 – 키크킥크 – 크크킥크

([ㅋ]+이중모음, 키, [ㅋ]+소릿길, 키)

- 큐키쿠키 – 쿄키코키 – 켜키커키 – 캬키카키 – 캐키캐키 – 계키케
  키 – 킥키키키 – 킥키크키

([ㅋ]+이중모음, 크, [ㅋ]+이중모음, 키)

- 큐크큐키 – 쿄크쿄키 – 켜크켜키 – 캬크캬키 – 캐크캐키 – 계크계
  키 – 킥크킥키 – 킥크킥키

12〉

([ㅌ]+소릿길, 트, [ㅌ]+이중모음, 트)

- 투트튜트 – 토트툐트 – 터트텨트 – 타트탸트 – 태트태트 – 테트테
  트 – 티트틱트 – 트트틱트

([ㅌ]+이중모음, 티, [ㅌ]+소릿길, 티)

- 튜티투티 – 툐티토티 – 텨티터티 – 탸티타티 – 태티태티 – 테티테

티 – 틱티티티 – 틕티트티

([ㅌ]+이중모음, 트, [ㅌ]+이중모음, 티)

- 튜트튜티 – 툐트툐티 – 텨트텨타 – 탸트탸티 – 태트태티 – 톄트톄
티 – 틱트틱티 – 틕트틱티

13〉

([ㅍ]+소릿길, 프, [ㅍ]+이중모음, 프)

- 푸프퓨프 – 포프표프 – 퍼프펴프 – 파프퍄프 – 패프퍠프 – 페프폐
프 – 피프픠프 – 프프픠프

([ㅍ]+이중모음, 피, [ㅍ]+소릿길, 피)

- 퓨피푸피 – 표피포피 – 펴피퍼피 – 퍄피파피 – 퍠피패피 – 폐피페
피 – 픠피피피 – 픠피프피

[ㅍ]+이중모음, 피, [ㅍ]+이중모음, 피)

- 퓨프퓨피 – 표프표피 – 펴프펴피 – 퍄프퍄피 – 퍠프퍠피 – 폐프폐
피 – 픠프픠피 – 픠프픠피

14〉

([ㅎ]+소릿길, 호, [ㅎ]+이중모음, 호)

- 후호휴호 – 호호효호 – 허호혀호 – 하호햐호 – 해호햬호 – 헤호혜
호 – 히호희호 – 호호희호

([ㅎ]+이중모음, 히, [ㅎ]+소릿길, 히)

- 휴히후히 – 효히호히 – 혀히허히 – 햐히하히 – 햬히해히 – 혜히헤
히 – 희히히히 – 희히흐히

([ㅎ]+이중모음, 호, [ㅎ]+이중모음, 히)

- 휴호휴히 – 효호효히 – 혀호혀히 – 햐호햐히 – 햬호햬히 – 혜호혜
히 – 희호희히 – 희호희히

8) 반복합성어

반복합성어란 같은 말 또는 비슷한 말이 반복되어 이루어지는 것을 말한다. 반복합성어에는 합성명사, 합성부사, 의성부사, 의태부사 등이 있다. 반복합성어를 사용하여 발음훈련용 텍스트로 활용하여 보자. 발음훈련에 적극 활용하여 보자.

1) 다디달다
 • 두디달다 – 도디달다 – 더디달다 – **다디달다** – 대디달다 – 데디달다 – 디디달다 – 드디달다

2) 머나멀다
 • 무나물다 – 모나몰다 – **머나멀다** – 마나말다 – 매나맬다 – 메나멜다 – 미나밀다 – 므나믈다

3) 하고많다
 • 후고문다 – 호고몬다 – 허고먼다 – **하고만다** – 해고맨다 – 헤고멘다 – 히고민다 – 흐고믄다

4) 구석구석
 • **구석구석** – 고석고석 – 거석거석 – 가석가석 – 개석개석 – 게석게석 – 기석기석 – 그석그석

5) 군데군데
 • **군데군데** – 곤데곤데 – 건데건데 – 간데간데 – 갠데갠데 – 겐데겐데 – 긴데긴데 – 근데근데

6) 도막도막
 • 두막두막 – **도막도막** – 더막더막 – 다막다막 – 대막대막 – 데막데막 – 디막디막 – 드막드막

7〉 마디마디

- 무디무디 – 모디모디 – 머디머디 – **마디마디** – 매디매디 – 메디메
  디 – 미디미디 – 므디므디

8〉 하나하나

- 후나후나 – 호나호나 – 허나허나 – **하나하나** – 해나해나 – 헤나헤
  나 – 히나히나 – 흐나흐나

9〉 미주알고주알

- 무주알구주알 – 모주알**고주알** – 머주알거주알 – 마주알가주알 –
  매주알개주알 – 메주알게주알 – **미주알**기주알 – 므주알그주알

10〉 검불덤불

- 굼불둠불 – 곰불돔불 – **검불덤불** – 감불담불 – 갬불댐불 – 겜불뎀
  불 – 김불딤불 – 금불듬불

11〉 고루고루

- 구루구루 – **고루고루** – 거루거루 – 가루가루 – 개루개루 – 게루게
  루 – 기루기루 – 그루그루

12〉 오래오래

- 우래우래 – **오래오래** – 어래어래 – 아래아래 – 애래애래 – 에래에
  래 – 이래이래 – 으래으래

13〉 부디부디

- **부디부디** – 보디보디 – 버디버디 – 바디바디 – 배디배디 – 베디베
  디 – 비디비디 – 브드브드

14〉 어서어서

- 우서우서 – 오서오서 – **어서어서** – 아서아서 – 애서애서 – 에서에
  서 – 이서이서 – 으서으서

15〉 두고두고

- **두고두고** – 도고도고 – 더고더고 – 다고다고 – 대고대고 – 데고데

고 – 디고디고 – 드고드고

16〉 가나오나
- 구나우나 – 고나오나 – 거나어나 – **가나**아나 – 개나애나 – 게나에
  나 – 기나이나 – 그나으나

17〉 들락날락
- 둘락눌락 – 돌락놀락 – 덜락널락 – 달락**날락** – 댈락낼락 – 델락넬
  락 – 딜락닐락 – **들락**늘락

18〉 오다가다
- 우다구다 – **오다**고다 – 어다거다 – 아다가다 – 애다개다 – 에다게
  다 – 이다기다 – 으다그다

19〉 찰삭찰삭
- 출숙출숙 – 촐속촐속 – 철석철석 – **찰삭찰삭** – 챌색챌색 – 첼섹첼
  섹 – 칠식칠식 – 츨슥츨슥

20〉 콜록콜록
- 쿨룩쿨룩 – **콜록콜록** – 컬럭컬럭 – 칼락칼락 – 캘랙캘랙 – 켈렉켈
  렉 – 킬릭킬릭 – 클륵클륵

21〉 흥얼흥얼
- 훙얼훙얼 – 홍얼홍얼 – 헝얼헝얼 – 항얼항얼 – 행얼행얼 – 헹얼헹
  얼 – 힝얼힝얼 – **흥얼흥얼**

22〉 톡탁톡탁
- 툭탁툭탁 – **톡탁톡탁** – 턱탁턱탁 – 탁탁탁탁 – 택탁택탁 – 텍탁텍
  탁 – 틱탁틱탁 – 특탁특탁

23〉 왈가닥달가닥
- 울가닥둘가닥 – 올가닥돌가닥 – 얼가닥덜가닥 – 알가닥**달가닥** –
  앨가닥댈가닥 – 엘가닥델가닥 – 일가닥딜가닥 – 을가닥들가닥

24〉고불고불
- 구불구불 - **고불고불** - 거불거불 - 가불가불 - 개불개불 - 게불게
불 - 기불기불 - 그불그불
25〉깡총깡총
- 꿍충꿍충 - 꽁총꽁총 - 껑청껑청 - **깡창깡창** - 깽챙깽챙 - 껭쳉껭
쳉 - 낑칭낑칭 - 끙충끙충
26〉대굴대굴
- 두굴두굴 - 도굴도굴 - 더굴더굴 - 다굴다굴 - **대굴대굴** - 데굴데
굴 - 디굴디굴 - 드굴드굴
27〉곤드레만드레
- 군드레문드레 - **곤드레몬드레** - 건드레먼드레 - 간드레만드레 -
갠드레맨드레 - 겐드레멘드레 - 긴드레민드레 - 근드레믄드레
28〉뒤죽박죽
- 두죽북죽 - 도죽복죽 - 더죽벅죽 - 다죽**박죽** - 대죽백죽 - 데죽벡
죽 - 디죽빅죽 - 드죽북죽
29〉알뜰살뜰
- 울뜰술뜰 - 올뜰솔뜰 - 얼뜰설뜰 - **알뜰살뜰** - 앨뜰샐뜰 - 엘뜰셀
뜰 - 일뜰실뜰 - 을뜰슬뜰
30〉딸랑딸랑
- 뚤랑뚤랑 - 똘랑똘랑 - 떨랑떨랑 - **딸랑딸랑** - 땔랑땔랑 - 뗄랑뗄
랑 - 띨랑띨랑 - 뜰랑뜰랑
31〉사박사박
- 수박수박 - 소박소박 - 서박서박 - **사박사박** - 새박새박 - 세박세
박 - 시박시박 - 스박스박
32〉탈탈털털
- 툴툴톨톨 - 톨톨**털털** - **털털**탈탈 - 탈탈탤탤 - 탤탤텔텔 - 텔텔틸

틸 – 틸틸틀틀 – 틀틀툴툴

33〉 사람사람

• 수룸수룸 – 소롬소롬 – 서럼서럼 – **사람사람** – 새램새램 – 세렘세
렘 – 시림시림 – 스름스름

위의 1) 모음과 소릿길, 2) 자음과 소릿길, 3) 유성자음과 소릿길,
4) 소리 내는 방법에 따른 음절조합, 5) 자음순서에 따른 음절조합,
6) 아래받침, 7) 이중모음, 8) 반복합성어에 따른 음절조합들을 사용
하여 이 책의 2부에 제시될 신체와 상상력, 도구를 이용한 화술훈련
에 적용하여 훈련하도록 하자.

제2부 배우를 위한 화술훈련

인간의 말이란
곧
행동이요, 행위이다
—루돌프 쉬타인

1. 화술훈련의 개요

1) 진단

배우화술 훈련의 첫걸음은 바로 **진단**에서부터 시작된다. 사람들은 자신의 언어 습관이 잘못되었음을 알고 있어도 일상생활에 불편함이나 어려움을 그리 느끼기 못하기 때문에 화술 교정에 대한 필요성을 인식하지 않고 있다. 그러나 교사, 아나운서, 성우, 정치가, 배우, 가이드, 변호사 등의 말하는 것이 직업인 사람들의 경우는 다르다. 그들 대다수가 **말하기**의 중요성에 대해 알고 있으며, **말하는 방법**과 **기술(화술)**에 대해 알기를 원하고 있다. 그들은 말하는 시간이 길어지면 질수록 자신의 성대가 불편해지고 있다는 것을 알고 있으며 신체의 피로감도 빨리 느낀다.

언어라는 것은 인간 사이의 소통수단이다. 언어는 현대의 **문화적, 정신적, 활동적인 면**에서 깊이 있게 다루어진다. 특히 언어는 인간의 활동영역에서 매우 중요한 위치를 차지하고 있는데, 사람과 인간관계를 나타내고 표현하는 배우의 언어가 바로 그러하다. **배우가 되기 위한 화술훈련의 첫 걸음은 바로 자신의 언어를 진단하는 일이다.** 오랫동안 잘못 익혀온 화술습관은 개선되어야 한다. 화술습관을 객관적으로 파악하고 분석하는 일은 대단히 중요한 일이다.

2) 관찰

배우화술 훈련을 위해 모인 단체나 교육기관(연기학과)에서는 첫 시간에 **간단하고 소소한 자기소개**의 시간을 갖도록 하자. 타인에게 쉽게 기억되도록 자신을 소개해 보자. 이것을 **대중 앞에서의 첫 모습**이라고 불러도 좋다. 대중 앞에서 자신을 소개하자(훈련생들은 아직 질문의 의도를 모른다).

> － 간단히 자기소개하기.
> － 제 이름은 ○○○입니다. 저는 19○○년 ○월 ○일에 태어났습니다. 제가 살고 있는 곳은 ……입니다."

자, 이야기 해 보자. 누구의 자기소개가 기억에 남는가? 누구의 생년월일이 기억에 남는가? 누구의 소개가 인상적이었는가? 누구의 목소리와 태도가 매력적이었는가? 그 이유는 무엇인가? 이 질문에 훈련생들은 이미 지나가버린 **사람들의 목소리**를 다시 떠올리려고 애를 쓸 것이다. 타인의 목소리를 자신의 기억 속에 다시 끄집어 올릴 것이다. **기억**이라는 요소는 배우에게 있어서 매우 중요한 훈련매체이다. 우리는 사람의 목소리가 음악같이 들릴 때 더 잘 기억할 것이다.

이번에는 한 사람씩 돌아가며 **타인의 화술문제점**에 대하여 이야기하도록 하자. 실명은 지명하지 않는다. 예를 들어, "어떤 사람이 자기를 소개할 때에, 저는 그 사람의 [ㄹ]발음이 부정확함을 느꼈습니다." 또는 "말은 하는데, 무슨 소리인지 잘 알아듣지 못하겠습니다. 입 안에서 우물거린다는 느낌을 받았습니다." 또는 "말이 너무 빨라서 정확히 듣지 못했습니다.", "소리가 너무 작아서 잘 알아듣지 못 했습니다." 등의 여러 문제점이 나올 수 있다.

지금부터는 사람들의 목소리를 면밀히, 지속적으로 관찰하도록 하자.
사람들의 언어적 특징과 결함을 관찰하고 파악하자. 어떻게 말을 하
는지, 어떤 지방어(사투리)를 지니고 있는지, 발성과 발음, 소리와 신
체의 긴장상태, 자세는 어떠한지를 관찰하도록 하자.

3) 타인의 귀

자신의 잘못된 화술습관을 고치지 못하는 이유는 자신의 소리를
객관적으로 듣지 못하기 때문이다. 올바르지 못한 화술습관을 개선
하려면 **자신의 소리를 객관적으로 들을 수 있어야 한다.** 본인의 소리
를 타인의 신체에 붙어 있는 귀처럼 객관적으로 듣는 훈련이 필요하
다. 이를 가리켜 **타인의 귀**라고 부른다.[8]

자, 이제부터 타인의 귀가 되어 보자. 타인의 귀가 되어 자신의 소
리를 객관적으로 듣고 분석하자. 언어훈련은 청력부터 시작해야 한
다. 자신의 단점을 파악하지 못하고 이루어지는 화술훈련은 방향 없
이 노를 젓는 행위와 같다. 자신의 소리가 1) 본인에게 어떻게 들리
는지, 2) 주변 사람들에게 어떻게 들려지는지 그 차이를 알아야 한다.
그러면 본인이 생각하는 것과 다르다는 것을 알게 된다. '타인의 귀'
는 청각적인 언어훈련으로 소리분석 능력과 말하기 능력을 향상시켜
준다.

우리는 자신의 언어에 익숙하면서 관대하다. 익숙하기 때문에 자
신의 화술특징이나 습관을 인식하지 못하고 살아왔다. 이제부터는

---

8 Zinkin, 「Механизмы речи」 M., 1958, p.76.

다른 사람들(관객이라 불러도 좋다) 앞에서 정확하고 올바른 화술로 말하는 습관을 기르도록 하자. 표준발음법을 사용하여 말하자. 무미건조하게 정보를 전달하기보다는 좋은 발성과 매력적인 태도로 자신을 표현하도록 하자. 다른 사람들에게 좋은 목소리 인상으로 기억되도록 하자. 스타니슬랍스키는 '**전문적인 배우훈련은 사소한 것에서부터 시작한다.**'고 하면서, 자신의 소리를 실질적으로 듣고 분석하는 것에서부터 출발하라고 말한다. 이것은 매우 중요한 사항이다. 청각적으로 들리는 소리만을 가지고 분석하는 훈련은 필수적이다.

이번에는, 그룹에서 한 사람의 특정인물을 선택하여 보자. 화술훈련을 하면서 동시에 특정인물을 관찰하도록 하자. 훈련의 마무리 단계에서는 각자가 관찰한 특정인물의 화술에 대하여 이야기하도록 하자. 특정인물의 이름을 말해서는 안 된다. 추측은 가능하다. 그러나 특정인물을 비방하거나 비판해서는 안 된다. 그 사람의 화술에 대해서만 묘사하고 분석해야 한다. 이 훈련의 목적은 비판이 아닌 관찰에 있다. 특정인물의 화술을 관찰하고 분석하는 일은 자신의 화술능력을 키우는 일이다. 이제부터 훈련생들은 어느 장소에 있던지 타인의 귀가 되어 자신과 타인의 화술을 관찰하는 습관을 길러야 할 것이다. 일반 사람들이 사용하는 언어도 관찰하고 분석해야 한다. 이것은 개인의 화술능력을 향상시킬 뿐 아니라 화술관찰을 통한 인물분석과 캐릭터창조를 돕기도 한다. 귀로 듣는 화술만으로도 인물의 직업, 지위, 성격, 상황, 성별, 나이, 장소, 상태 등을 파악할 수 있어야 한다. 청각적으로 듣고, 분석할 수 있는 전문성을 길러야 한다.

4) 일상과 비일상

스스로 1) **일상에서** 어떻게 말하고 있는지, 2) **대중 앞(비일상)에서**

준비된 텍스트를 사용하여 어떻게 말하고 있는지 관찰하도록 하자. 일상과 비일상에는 어떤 화술적인 차이가 존재하는가? 일상과 비일상에서의 자신의 소리, 태도, 상태, 감정 등을 관찰하도록 하자. 각자 자신이 좋아하는 시를 준비하자. 대중 앞에서 낭송하여 보자. 일상언어와 시언어에는 어떤 차이가 있는가? 일상에서 대화를 할 때와 대중 앞에서 말을 할 때에는 어떤 차이가 있는가? 아침에 잠자리에서 일어난 직후의 목소리와 오후의 목소리에는 어떤 차이가 있는가? 친구에게 말할 때와 어른에게 말할 때의 목소리에는 어떤 차이가 있는가? 식당 안에서 대화할 때와 공연장 안에서 대화할 때에는 어떤 차이가 있는가? 장소나 대화의 상대가 달라서 생기는 화술적인 차이는 무엇인가? 화술에 관한 질문들을 스스로 던져보고 답하여 보자. 화술적인 차이점을 파악하자.

5) 화술적 초상화

문학에는 수많은 중요인물들이 등장한다. 문학작품에 등장하는 인물들은 그들의 언어로 존재한다. 주인공의 언어는 주인공의 마음을 비치는 거울과도 같다. 다시 말해 등장인물의 언어는 마음의 거울인 셈이다. 예를 들어, 도스트예프스키의 작품 『죄와 벌』의 주인공 라스꼴리니코프는 그의 언어를 통해 그를 대변하고 있다. 등장인물의 언어는 곧 그 인물을 뜻한다. 우리 주위의 사람들을 회상하여 보자. 그들이 사용하고 있는 언어를 떠올려 보자. 그들이 사용하고 있는 언어는 그들의 생각과 성격, 심리 상태, 심지어 외적 환경까지도 나타낸다. 그들의 언어는 곧 그들 자신이다. 그들의 말소리에 들어있는 소리의 높음과 낮음, 힘, 템포, 끊김 정도, 약함과 강함, 부드러움과 거침, 깊음과 얇음, 울림과 비울림, 풍부함과 건조함, 단조와 장조, 음색

등은 그들을 대변하고 있다. 인물을 소리로 비유해 보면 쇠소리, 철소리, 솜소리, 털소리, 유리소리, 벨벳소리, 기름소리, 수분이 많은 소리 등으로 표현할 수 있다. 그렇다면 문학작품에 등장하는 인물을 '화술적 초상화'로 말하여 보자. 등장인물을 **청각적**으로 표현하여 보자. 화술적 특징만으로 등장인물을 분석하는 일은 배우의 역할창조에 큰 도움이 된다. 인물을 살아있게 만든다. 등장인물의 호흡이 '얇은지, 깊은지, 부드러운지, 거친지, 떨리는지, 평안한지, 시끄러운지, 들리는지, 고요한지'를 비유로 표현하여 보자. 자음소리가 '강한지, 맥없는지, 건조한지, 뻣뻣한지, 거친지, 매끈한지, 풍부한지'도 비유로 표현하여 보자. 등장인물의 언어를 템포와 리듬만으로 표현하여 보자. 등장인물의 언어를 색깔로도 표현하여 보자.

6) 소리의 중간 영역

사람의 목소리는 선천적으로 주어진다. 배우는 자신에게 주어진 소리를 갈고 닦아야 한다. 그러나 소리훈련에 앞서 자신에게 주어진 소리영역을 알아야 한다. 배우는 자기 소리의 중간 영역을 알아야 한다. 선천적으로 높은 소리인지, 낮은 소리인지 알아야 한다. 일반적으로 목소리 음역을 여자는 소프라노, 메조 소프라노, 알토로 나누고, 남자는 테너, 바리톤, 베이스로 나눈다. 훈련생들은 자기 목소리를 알아야 하고, 훈련은 거기에서부터 시작되어야 한다.

7) 리더훈련

화술은 단기훈련과 장기훈련이 병행되어야 한다. 그룹에서 화술훈련이 어느 정도 진행된 후에는 리더(Leader)훈련을 병행하도록 하자. 훈련생 중의 하나가 팀의 리더가 되어 화술트레이닝을 5~10분 정도 이끄는 방식이다. 그동안 훈련받은 것들을 토대로 다른 훈련생들을 이끈다. 리더는 지속적으로 바꾸어 준다. 창의적인 방법들을 고안하여도 좋다. 리더훈련은 화술훈련을 수동적 태도에서 능동적 태도로 바꾸어준다. 리더는 훈련의 목적과 이유를 정확히 알아야 하고, 훈련 방식이 적절한지도 점검해야 한다. 이 훈련은 화술을 바라보는 시각과 관점을 깊게 만들고, 자발적이면서 능동적인 화술훈련이 되도록 동기를 부여한다.

2. 화술훈련

사람의 음성기관은 크게 호흡기관, 발성기관, 발음기관으로 분류한다.

1. **호흡기관**은 소리를 만드는 주요 자원이 되는 숨을 담당하는 기관이다. 횡경막, 폐, 기관, 기관지 등이 있으며 공기가 들어왔다가 나가는 공기통로에 사용된다.

2. **발성기관**은 소리를 만드는 역할을 한다. 후두와 성대 등이 있다.

3. **발음기관**은 만들어진 소리를 가지고 입을 중심으로 소리의 조음 (발음)을 담당하는 기관이다. 크게 혀, 입술, 아래턱 등이 있다.

소리의 이해를 위해서는 음성기관에 대한 이해가 필요하다. 음성기관은 언어조절기관 또는 신경중심기관이라는 뇌 기능에서 작동한다. 소리는 신체 안에서 발생하여 신체 바깥으로 나오는데, 공기가 신체 안으로 들어가는 것을 **들숨**이라 하고 들어간 공기가 바깥으로 나오는 것을 **날숨**이라 한다. 소리는 이 날숨에 의해 발생된다. **메가폰**의 원리를 생각하면 쉽다. 메가폰은 깔때기처럼 생겼다. 원뿔형의 좁은 쪽에서 소리를 내면 반대쪽에서 소리를 멀리 내 보낸다. 사람의 신체에도 메가폰이 존재한다. 발성기관의 성대가 바로 메가폰의 좁은 곳이다. **입과 인후통로를 메가폰**이라고 할 수 있다. 사람의 메가폰에는 위로 단단한 구개가 있고 아래로는 혀와 아래턱이 있다. 앞에는 치아와 입술이 있고, 뒤에는 부드러운 구개, 목구멍이 있으며, 옆으로는 어금니와 뺨이 자리하고 있다. 메가폰의 이해는 발음과 발성시스템의 동력학적인 이해라고 할 수 있다. 사람의 소리는 성대가 진동되어 발생한다. 성대에서 발생된 공기 진동은 혀의 위치, 입의 모양, 턱의 변화에 영향을 받아 여러 음가를 만들어 낸다. 이것을 발음이라 한다.

인후통로를 살펴보자. 인후통이 좁혀지면 구강공명의 용량은 늘어나고, 모음의 음향은 높아진다. 인후통이 지나치게 열려 있으면 소리의 기능은 파괴된다. 그러나 인후통을 여는 기능적인 훈련들은 소리를 세우게 한다. 인후통을 잘못 사용하게 되면 눌러서 납작하든지, 수직으로 늘어지든지, 옆으로 분리되든지, 뒤 벽 쪽으로 압착되든지 하는 다양한 경우가 발생한다. 이를 막기 위해 끊임없이 혀, 턱, 입술 등의 위치와 상태를 확인하고 인식해야 한다. 배우는 인후통과 음성기관을 이해하고 스스로의 소리를 인지할 수 있어야 한다.

배우의 언어는 번개처럼 빠르고 끊임없이 바뀐다. 배우에게 안정된 소리를 적응시키기란 결코 쉽지 않으며 단기간에 이루어질 수도 없다. 배우의 표현력 있는 소리와 전달력 있는 언어를 훈련하기 위해서는 일정한 기간과 개인성이 고려되어야 한다. 훈련 초기단계에서는 부분적인 발음훈련이나 소리 변화가 작은 것들은 어려울 수 있다. 화술은 1) **쉬운 것에서 어려운 것으로**, 2) **단순한 것에서 복잡한 것**의 순으로 훈련되어야 한다.

훈련에 들어가기에 앞서, 아래의 단어들을 기억하도록 하자.

- (기본자세) 두 발은 어깨 넓이만큼 벌리고, 두 팔은 힘을 빼 아래로 향해 있다.
- (허밍) 윗니와 아랫니는 살짝 떨어뜨리고 입술은 가볍게 다문 상태에서 나는 콧소리이다.
- (기마자세) 기본자세에서 무릎을 약간 구부린다. 마치 기마를 탄 모습으로 보이는 자세이다.

1) 호흡

호흡은 인간의 생명을 유지시키고 소리를 만들어 주는 중요한 요소이다. 배우의 호흡은 배우에게 감정을 일으키고 관객에게 감정을 전달하여 준다. 배우의 호흡은 언어와 감정에 작용한다.

그렇다면 '호흡'이란 무엇인가? 일반적인 호흡이란 신체 밖에 있는 공기가 몸 안으로 들어온 후 몸 안에 있는 불순물과 함께 공기를 밖으로 내보내는 생리적인 현상을 말한다. **들숨**과 **날숨**의 주기적인 현상을 **호흡**이라고 한다. 신체가 휴식 상태에 있을 때에 호흡주기는 약 4초 정도이다. 들숨에는 1초가 걸리고 날숨에는 3초가 걸린다. 때로는 날숨과 들숨의 호흡주기가 같을 때도 있다. 정상적인 대화에 사용되는 단일 호흡주기는 일반적으로 5~6초 이상을 넘지 않는다. 그러나 셰익스피어 극과 같이 텍스트가 길고 언어가 중요한 작품에서는 발성주기를 연장시키는 호흡훈련이 이루어져야 한다. 호흡은 자연적인 기능과 과정에 기초하고 있지만 공연을 위해서는 연장된 호흡 길이와 호흡 강도를 수용할 수 있는 능력이 있어야 한다.

호흡은 그 유형에 따라 분류하는데 끊임없이 배우에게 요구되는 호흡은 복식호흡이다. 호흡에서 자주 이야기되는 흉식과 복식호흡에 대하여 간단히 알아보자.

1) 흉식호흡은 가슴근육의 도움으로 허파를 싸고 있는 늑골이 움직여 이루어지는 호흡으로, 주로 가슴이 좌우로 늘어나고 축소되면서 이루어지는데 호흡량이 적고 깊지 않다.
2) 복식호흡은 복부근육의 도움을 받아 횡격막이 늘어나고 줄어들면서 이루지는 호흡으로, 호흡량이 많고 깊다.

배우의 언어는 깊이가 있고 표현력이 있으며 기본적으로 전달하는 텍스트의 양이 많다. 배우의 움직임은 일상적이기도 하지만 역동적이면서 끊임없이 변화한다. 이렇게 많은 호흡량을 감당하기 위해서는 배우는 복식으로 호흡훈련을 해야 한다. 풍부하고 좋은 공명을 내기 위해서는 올바른 호흡 사용이 중요하다. 사람의 신체에는 호흡과 소리를 조절하는 기관들이 있다. 호흡과 소리를 조절하는 기관의 근육들을 발달시키려면 의식적으로 발전시킬 수 있는 근육그룹과 그렇지 못한 근육그룹을 구분 지어야 한다. **우리는 의식적으로 발전시킬 수 있는 근육들을 탄력성 있게 유지하고 훈련시켜야 할 것이다.**

깊은 호흡과 좋은 소리를 내기 위해서 좋은 자세를 갖는 것은 매우 중요하다. **좋은 자세란** 발과 몸가짐을 당당하게 갖는 것이다. 등과 목, 신체의 축을 바르게 갖는 것이다. 이 자세는 호흡과 후두, 공명관 사이의 협동을 가능하게 만든다. 턱과 머리를 잘못 올리면 목의 앞면은 길어진 느낌을 갖게 되고 목 뒷면은 짧아진 느낌을 갖게 된다. 후두의 외부 구조를 지탱하기 위해서는 목의 뒷면은 길게 느껴져야 하고 목의 앞면은 짧게 느껴져야 한다. 머리, 목, 몸통은 평온한 호흡을 위해 이상적인 흉곽자세를 취하고 잘 정렬되어야 한다. 만약 목과 머리가 앞으로 나와 있거나, 위로 들어 올려져 있거나, 흉부근이 축 늘어져 있거나, 척추가 맥 빠져 있거나, 복부근육이 약하면 소리가 올바르게 나오지 못한다. 좋은 소리란 바른 자세에서 비롯되기 때문이다.

좋은 자세를 위해서는 척추에 대한 이해가 필요하다. 좋은 자세에서 좋은 소리가 난다. 좋은 소리는 좋은 울림을 동반한다. 사람의 울림은 근육을 필요로 한다. 그 근육을 지탱하는 것은 뼈이다. 뼈와 근육은 각자의 역할이 있다. 만약, 뼈의 역할을 근육이 대신한다면 사람의 신체는 지탱될 수 없다. 근육이 자기의 역할을 감당하기 위해서 뼈는 자신의 역할에 충실해야 한다.

자, 뼈를 생각해 보자. 뼈 중에서 가장 중요한 뼈는 **척추**이다. 척추는 우리 몸의 기둥으로 상체를 지탱해 주는 역할을 한다. 척추는 갈비뼈에 연결되어 호흡과 순환을 담당하는 폐, 심장 등의 주요 기관을

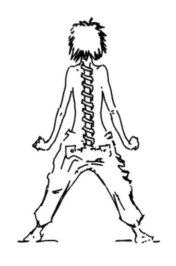

보호한다. 척추는 상체를 사방으로 움직이게 한다. 배우의 움직임이 좋으려면 척추는 골반에 깊고 강력히 자리 잡혀 있어야 한다. 그러면 몸통이 곧고 안정적이면서 중심이 잘 잡힌다. 또한 버티는 힘도 생긴다.

척추를 **나사**라고 생각하자. 나사는 물체를 단단히 고정시킨다. 단단히 고정된 물체는 어떤 외부의 힘도 견딜 수 있다. 흔들림도 없다. 척추는 골반 깊숙이 꽉 조여진 나사처럼 고정되어 있어야 한다. 척추가 척추의 기능을 제대로 감당하지 않으면 다른 일에 사용되어야 할 근육이 척추의 기능을 대신하게 된다. 예를 들어, 척추가 몸을 지탱하지 못하면 복부근육이 몸통을 떠받치는 힘을 대신한다. 복부근육이 몸을 지탱하는 역할을 하면 호흡 작용이 자유롭지 못하게 된다. 또한, 척추의 윗부분이 늑골과 어깨뼈를 지탱하지 못하면 늑골근육이 가슴을 지탱하게 된다. 그러면, 늑골근육은 늑간호흡에 사용되지 못한다. 경추가 올바르게 서 있지 않으면 발성 통로가 모두 망가지게 된다. 목 기능이 약해지면 턱근육, 혀근육, 후두근육 등의 소리가 나가는 길에 장애가 일어나게 된다. 결론적으로, 폐에서 생성된 날숨은 소리기관을 통과하면서 소리를 내고 척추는 호흡기관을 보호하는 갈비뼈에 연결되어 있으며 모든 신체는 서로 유기적으로 작용한다는 것이다. 그러므로 자유로운 소리울림을 위해서 척추는 몸통을 잘 지탱해야만 한다.

호흡은 우리의 일상에서 무의식적으로 반복된다. 의식적으로 인식할 수는 있으나 익숙하지는 않다. 무의식적으로 움직이는 호흡근육들은 유기적이면서 복잡하게 연결되어 있다. 많은 전문가들은 구강호흡보다 비강호흡을 더 중요시 여긴다. 왜냐하면, 코는 호흡기능을 통하여 모든 계통의 기능을 정상적으로 활동하게 만드는 중요한 기관이기 때문이다. 코는 '호흡을 시작하는 문'이라고 할 수 있다. 여기서부터 구불구불하고 긴 길이 시작된다. 들숨과 날숨은 끊임없이 긴 원을 만든다. 코는 그 통로를 통해 호흡과 후신경, 공명기능을 담당한다. 코의 점막은 신경계의 끝부분에 자리하고 있으며 들숨과 날숨을 통해 신경자극을 전달한다.

코를 통한 호흡은 성도를 이완시켜 준다. 코호흡은 후두와 마찬가지로 혀의 몸체를 살짝 낮추어 주고 뺨의 근막은 들어 올린다. 코를 통한 들숨동작은 성도와 후두, 복부근육을 이상적인 위치에 오르게 한다. 몸통을 올리고 내리는 거친 호흡에서 나오는 소리는 성도를 이완시키지 못한다. 신체의 축 자세를 유지하면서 코를 통해 호흡하면 가슴이 움직이는 경향은 감소되고 호흡은 편안해진다.

비강(코)을 통하여 인후, 후두, 기관지, 흉부, 복부로 호흡되도록 훈련하여 보자. 람페르티(G.B. Lamperti)는 폐가 만족할 만큼만 숨을 쉬고, 숨을 지나치게 채워 넣지 말라고 하였다. 폐에 지나치게 공기를 채워 넣으면 호흡 배출 속도가 빨라지기 때문이다. 이 점을 기억하고 훈련하도록 하자.

[비강호흡]
- 〈기본자세〉 편안한 마음으로 신체의 긴장을 주지 않은 채, 다리를 어깨 넓이만큼 벌리고 선다. 머리의 정수리에서 누군가 위로 잡아당긴다는 느낌을 가지고 선다. 오른손의 검지와 중지를 세워, 오른쪽 콧등을 지그시 누르고, 왼쪽 콧구멍을 통해 아래의 같이 호흡하자.
1. 코; 천천히 들숨(4박자) – 입; 천천히 날숨(4박자)
2. 코; 천천히 들숨(4박자) – 멈춤(4박자) – 입; 천천히 날숨(4박자)

3. 코; 천천히 들숨(8박자) – 입; 천천히 날숨(8박자)

4. 코; 천천히 들숨(8박자) – 멈춤(4박자) – 입; 천천히 날숨(8박자)
오른쪽도 동일한 방법으로 훈련하자.

이번에는, 위와 동일한 방법으로 하되 날숨에 **허밍[흠~]**을 내도록 하자. **허밍[흠~]**을 내면서 소리의 진동, 떨림 등을 느껴 보자. 허밍(Humming)은 입술을 닫고 내는 콧소리임을 반드시 기억하도록 하자.

1. 코로 들숨(4박자)을 쉰 후, 날숨(4박자)에 **허밍**과 함께 오른쪽 콧등을 꾹 눌렀다가 떼는 동작을 반복한다. 왼쪽도 동일하게 한다.

2. 코로 들숨(4박자)을 쉰 후, 날숨(4박자)에 **허밍**과 함께 양손의 검지, 중지를 모아서 세워 양 콧등에 대고 콧등을 상하로 비벼 마사지한다.

3. 코로 들숨(4박자)을 쉬면서 고개를 90°(오른쪽)로 돌린 뒤, 날숨(4박자)에 **허밍**을 내면서 고개를 정면으로 돌린다. 왼쪽도 동일하게 한다.

4. 1) 코로 들숨(4박자)을 쉬면서 고개를 최대한 뒤로 젖힌 뒤, 날숨(4박자)에 **허밍**을 내면서 고개를 정면으로 향한다. 2) 코로 들숨(4박자)을 쉬면서 고개를 아래로 내린 뒤, 날숨(4박자)에 **허밍**을 내면서 고개를 정면으로 향한다.

5. 코로 들숨(4박자)을 쉬면서 오른쪽 어깨에 오른쪽 귀를 댄다. **허밍**을 내면서 고개를 정면(4박자)으로 향한다. 왼쪽도 동일하게 한다.

6. 코로 들숨(4박자)을 쉬고, **허밍**을 내면서 고개를 오른쪽 - 정면

(4박자)을 향한다. 왼쪽 방향도 동일하게 한다.

7. 코로 들숨(4박자)을 쉬고, **허밍**을 길게 내면서 어깨를 올렸다가 내리는 행동을 반복한다.

[따뜻한 날숨]

따뜻한 날숨으로 인후근육(목구멍근육), 턱, 뺨 등을 따뜻하게 만들어 보자. 외부의 차가운 공기는 들이마신 후, 따뜻하게 바꾸어 내 보내자. 사방에 퍼져 있는 공기를 자신 안으로 불러들인다는 생각을 하자. 들어온 공기를 몸 밖으로 보내면서 그 공기 나가는 통로를 **소리통로**라고 생각하자.

• 〈상상하기〉 추운 겨울이다. 버스에 앉아 있는데 히터가 꺼진 지 오래이다. 버스 안은 이미 춥다. 오른쪽 창문을 바라보니 창문에는 이미 성에가 껴 있다. 몸통 상단을 오른쪽으로 돌려 따뜻한 공기바람으로 성에가 낀 창문을 녹인다. 숨을 깊게 들이마신 후, 천천히 따뜻한 모음소리[아~]를 내 뱉는다. 마치, 창문에 낀 성에를 따뜻한 날숨으로 녹인다는 생각으로 호흡을 깊고 따뜻하게 길게 내 뱉는다. 창문에 낀 성에가 녹고 있다는 상상을 멈추지 말자. 몸통 상단을 왼쪽도 돌려 동일하게 반복한다.

• 〈상상하기〉 차가워진 자신의 손을 따뜻한 날숨으로 녹이자. 손바닥을 얼굴 앞에 가까이 놓고, [아~] 소리와 함께 따뜻한 숨을 길게 내도록 하자. 후두 긴장이 풀어지고, 따뜻한 공기가 손바닥에 전해질 것이다.

• 따뜻한 공기를 손바닥에 전달하듯, **소릿길**을 한 음절씩 따뜻한

공기와 함께 소리 내자. 각각의 모음을 장음으로 길게 소리 내자. 손바닥에 어떤 느낌이 전달되는가? 차가운 날숨이 전달되기도 하고, 따뜻한 날숨이 전달되기도 할 것이다. 8개의 단모음 성질은 아래와 같다. 느껴지는가?

1. 차가운 단모음; [ㅜ], [ㅗ]
2. 따뜻한 단모음; [ㅓ], [ㅏ], [ㅐ], [ㅔ], [ㅣ], [ㅡ]

차가운 모음과 따뜻한 모음을 손바닥에서 충분히 느껴보자. 그룹에서는 파트너와 함께 훈련하도록 하자. 충분한 거리를 두고, 서로 마주보고 선다. 차가운 호흡과 따뜻한 호흡을 주고받아 보자. 단모음을 순서대로 파트너에게 전달하자. 파트너에게 모음소리를 전달하면서 **감정**도 함께 전달하자. 상대의 눈을 바라보면서 소리를 전달하자. 차가운 호흡은 '가을'과 '겨울'이라 할 수 있겠고, 따뜻한 호흡은 '봄'과 '여름'이라 할 수 있다. 파트너에게 차갑고 따뜻한 호흡을 주고, 받도록 하자. 파트너 중에서 먼저 행동(Acting)을 이끄는 사람을 리더(Leader)라고 부르자. 1) 리더(Leader)가 파트너에게 따뜻한 호흡을 전달하면, 파트너는 따뜻한 호흡을 받아서 다시 되돌려 준다. 2) 리더가 따뜻한 호흡을 주었지만, 파트너가 차가운 호흡으로 되돌려 줄 수 있다. 호흡을 통해 갈등과 대립을 보일 수도 있다.

호흡과 소리를 서로 어떻게 전달하는지, 상대에게서 어떤 것이 오는지 관찰하도록 하자. 상대방에게서 받은 것을 어떻게 되돌려 줄 것인지를 상호작용 속에서 즉흥적으로 느끼도록 하자.

1. [우~], [오~], [어~], [아~], [애~], [에~], [이~], [으~]를 **각각** 장음 (길게)으로 **동시에** 파트너와 함께 소리 내자. 손을 사용하여 소

리의 전달을 돕도록 하자.

2. [우-오-어-아-애-에-이-의를 이어서 한 호흡, 한 음으로 연결하여 파트너와 **동시에** 소리 내자.

3. 1번을 하되, 파트너가 소리 낸 후에 소리 내도록 하자. 상대에게서 받은 에너지와 느낌, 감정을 본인의 것으로 덧입혀 되돌려 보낸다.

4. 2번을 하되, 파트너가 소리 낸 후에 소리 내도록 하자. 상대에게서 받은 에너지와 느낌, 감정을 본인의 것으로 덧입혀 되돌려 보낸다.

실상의 파트너, 또는 가상의 파트너에게 소리를 전달하도록 하자. 소리에 **의지와 감정**을 부여하자. 의지와 감정이 없는 발성과 발음은 배우화술이 될 수 없다. **대상(목적)**을 설정하고, **정서(감정)를** 이입하자. 끊임없이 교감하면서 소리 에너지를 전달하자.

[호흡침]

- 〈기본자세〉 파트너와 마주보고 서 있다. 한 손을 가볍게 주먹을 쥐고, 입술 근처에 놓는다. 빠르고 강하게 호흡하여 강하고 멀리 **호흡침**을 상대에게 뱉도록 한다. 주먹 쥔 작은 통로를 통해 상대방에게 강한 날숨을 뱉는다. 호흡을 뱉고 자신의 몸은 상대방의 **호흡침**으로부터 빨리 피하도록 한다. 멀리 호흡침을 뱉고, 본인은 적극적으로 피한다.
- ✓ 후~, 후~, 후~, 후후~

[호흡뱉기]

- 〈기본자세〉 손을 어깨에 올려놓는다. 아랫니와 윗니는 떨어져 있고, 입술은 작게 벌린다. 복부근육을 자신의 방향으로 당기듯 호흡을 뱉으면서 한 손바닥씩 앞으로 밀어낸다. 오른손, 왼손 번갈아 앞으로 밀며, 호흡을 뱉는다. 들숨은 짧게, 호흡은 길게 뱉는다. 반복한다.
- ✓ 후~, 후~, 후~, 후~ ……

[상체 떨어뜨리기]

- 〈기본자세〉 이완된 상체를 빠르게 아래로 떨어뜨리며 호흡을 뱉는다. 마치 격하게 인사하듯 상체를 떨어뜨린다. 그리고는 처음 자세로 돌아간다. 다시 호흡을 뱉으며 상체를 아래로 떨어뜨린다. 상체는 그 어느 곳에도 긴장이 없어야 한다. 팔은 흐느적거리며 매달려 있는 듯 보여야 한다. 반복한다.
- ✓ 후~, 후~, 후~, 후~ ……

[중간음역]

- 〈기본자세〉 어깨 넓이만큼 벌리고 편안히 선다. 신호와 함께 양팔을 가슴 높이에서 활짝 펴는 동시에, 코와 입으로 강하고 빠르게 공기를 들이마신다. 천천히 호흡을 뱉으면서 양팔을 가운데로 모은다. 점차 작은 소리로 [아~]를 내면서, 양팔로 자신을 껴안도록 한다. 완전히 양팔을 포갤 때에는 소리의 용량이 최대로 키우고, 호흡을 끝까지 다 사용하도록 한다. 의도하지 않고 자신도 모르게 나오는 편안한 소리의 음역대를 자신의 중간음역이라 할 수 있다.

2) 긴장 이완과 마사지

가벼운 마사지를 통해 신체의 근육을 이완시키자. 긴장된 근육을 부드럽게 만들어 보자. 경직된 근육은 경직된 소리를 만든다. 배우는 **신체적인 긴장**과 **심리적인 긴장**에서 자유로워야 한다. 공기가 나가는 통로에 올바른 소리통을 형성시키자. 부드럽게 울리는 자연스러운 소리(Natural Voice)를 지니도록 하자. 자, 이제부터 허밍을 통해 소리의 진동을 느껴보자. 머리, 몸통, 팔, 손, 다리, 발에 소리의 울림이 전달되고 있는지를 확인하자.

['점', '진동', '두드리기', '비비기'를 이용한 마사지]
점, 진동, 두드리기, 비비기를 이용하여 발성과 발음에 사용되는 신체근육들을 이완시키도록 하자.

① **점**; 손가락 끝을 얼굴 부위에 꾹 누르는 방법이다.
② **진동**; 손가락으로 누른 부위를 시계 방향이나 반대 방향으로 돌리면서 마사지하는 방법이다.
③ **두드리기**; 손가락 끝부분으로 고루 두드리거나, 두 손의 주먹을 가볍게 쥐어, 빠르게 두드리는 방법이다.

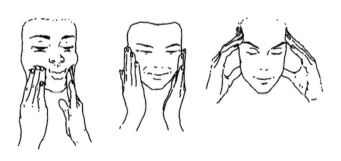

④ **비비기**; 손가락을 길게 세워서 비비거나, 손바닥을 사용하여 비비는 방법이다.

양 손바닥을 서로 비벼서 마찰시킨다. 따뜻해진 손바닥으로 이마, 코, 뺨, 입, 눈, 뒷목, 가슴, 배 등의 근육들을 마사지하도록 한다.

〈허밍을 내며 마사지하기〉

1. **(허밍) 눈썹과 관자놀이**를 1) '점'으로 마사지한다. 그 다음 2) '진동'으로 마사지한다. 3) 엄지를 제외한 양손의 손가락 끝을 이용하여 이마 가운데부터 관자까지 골고루 두드린다. 마사지를 하면서 내는 허밍의 울림이 경직되지 않도록 한다. 울림이 풍부하도록 한다. 비강의 떨림을 느끼도록 한다.

2. **(허밍)** 손가락 끝으로 **코** 부위를 1) '점'으로 지그시 눌러서 떼기를 반복한다. 2) 코의 **시작 부분**의 양쪽 면, **코 중간** 부위의 양쪽 면, **콧망울 끝** 부위 양쪽 면을 눌러서 마사지한다.

3. **(허밍)** 양손의 검지, 중지를 길게 세워, **코 양면**에 대고 **허밍**을 낸다. 비강의 울림이 느끼고, 울림폭이 커지도록 호흡과 에너지를 사용한다.

4. **(허밍)** 두개골과 아래턱이 합쳐지는 지점의 **귀 뒤 주변**을 마사지한다.

5. **(허밍)** 양 손바닥을 **콧등**에서부터 **양쪽 귀** 방향으로 훑으며, 허밍을 낸다.

6. **(허밍)** 양 손가락 끝부분으로 **양쪽 볼**을 두드리면서, 허밍을 낸다.

7. **(허밍)** 허밍과 함께, **코 밑**의 인중을 '점'으로 마사지한다.

8. **(허밍) 윗입술**의 **윗부분**을 손가락을 길게 펴서, '진동'으로 마사

지한다.

9. **아랫입술 아랫부위**의 살짝 들어간 곳을 [부~] 소리와 함께 두드리거나, '진동'으로 마사지한다.

10. (**허밍**) 허밍과 함께 **목 뒤**를 진동으로 마사지한다. **두개골 밑**의 부분과 7번째 목 뼈를 마사지한다.

〈[아~] 소리를 내며 마사지하기〉

11. [**아~**] 소리와 함께, 주먹을 살짝 쥔 양 주먹을 가볍고 빠르게 **가슴 부위**를 두드린다.

12. [**아~**] 소리와 함께, 손바닥으로 눌러 돌리며 문지른다.

13. [**아~**] 소리와 함께, 주먹으로 갈비뼈 부위를 두드린다.

14. [**아~**] 소리와 함께, 몸통 양 옆 부위를 위에서 아래 방향으로 손바닥으로 훑는다.

15. [**아~**] 소리와 함께, 견갑골의 앞쪽 부위를 두드리거나, 눌러 돌린다. 주먹 쥔 오른손으로 왼쪽 부위를, 주먹 쥔 왼손으로 오른쪽 부위를 두드린다.

16. [**아~**] 소리와 함께, 한 손으로는 **허리 옆부분**을 두드리고, 다른 손으로는 **낮은 복부**를 두드린다.

[소리 진동 느끼기]

1. (**허밍**) 이마에 양손을 얹고 소리의 진동을 느낀다.

2. (**허밍**) 코 양쪽 면에 손을 얹고 소리의 진동을 느낀다.

3. (**허밍**) 뺨에 손바닥을 얹고 소리의 진동을 느낀다.

4. (**허밍**) 입술에 손가락을 얹고 소리의 진동을 느낀다.

5. (**허밍**) 아래턱 밑에 손을 얹고 소리의 진동을 느낀다.

6. (**허밍**) 머리 꼭대기에 양손을 얹고 소리의 진동을 느낀다.

[흐르는 뺨]

- 〈상상하기〉 몸에 힘을 완전히 빼고, 이완 상태로 서 있다. 입술과 턱의 긴장을 완전히 뺀다. 입과 턱은 자연스럽게 벌려져 있다. 혀는 아랫입술에 살짝 얹혀 있다. 혀도 완전히 힘을 뺀다. (상상) 신체가 녹아서 흐르고 있다. 턱이 흐르고 있다. 혀가 흐르고 있다. 뺨이 흐르고 있다. 입술이 흐르고 있다.

1. **(허밍)** 고개를 좌, 우로 천천히 흔들다가 빠르게 흔든다.
2. **(허밍)** 오른손의 엄지, 검지를 사용하여 아래턱을 잡고 가볍고, 빠르게 상하로 흔든다.
3. **(허밍)** 살짝 주먹을 쥔 손을 아래턱에 가볍게 두드린다.

얼굴근육의 이완 상태를 확인하자. 아래턱의 이완 상태를 확인하자. 신체에서 울리는 소리 진동을 확인하자.

매일 5~15분씩 얼굴, 목, 어깨 등을 근육마사지하고 혀, 입술, 아래턱 등의 발음기관의 긴장을 이완시키도록 하자. 신체와 발성기관, 발음기관의 이완은 절대적으로 필요하다.

3) 목

일반적으로 배우가 무대 위에서 말을 할 때에 호흡과 상관없이 혀, 목, 턱 등의 부위에서 1개 이상의 긴장이 발생한다. **후두 주위에 있는 근육 시스템(발음기관이 존재함)은 머리와 목이 몸통에 균형이 잡히도록 만드는 역할을 한다.** 후두에 있는 외부골격지탱구조에는 목덜미에 있는 근육시스템과 목덜미근육이 있다. 이 근육들을 단련시켜 강화시키자. 귀 뒤편에 두개골이 만나는 지점의 양쪽 부위와 목 뒤쪽 근육을 이완하고 단련하자.

[목의 포물선]

- 〈기본자세〉 정수리 부위가 위에서 당기고 있는 듯한 느낌을 갖는다. 머리를 살짝 뒤로 젖혔다가 앞쪽으로 크게 포물선을 그리며 고개를 숙이면서, 허밍을 낸다. 무게 중심을 신체의 아래에 둔다. 호흡에너지는 복부에 둔다. 긴 허밍소리와 함께 머리의 포물선을 그려보자. 허밍과 포물선을 한 번의 긴 날숨호흡으로 처리하자.

[목 돌리기]

- 〈기본자세〉 코를 통해 복식으로 들숨을 마신다. 이때 가슴과 어깨는 올라가지 않도록 주의한다.
1. 고개를 **오른쪽**으로 4박자에 90°로 돌리면서 들이마신다. 4박자에 정면으로 돌아오면서 날숨과 함께 **허밍**을 낸다.
2. 고개를 **왼쪽**으로 4박자에 90°로 돌리면서 들이마신다. 4박자에 정면으로 돌아오면서 날숨과 함께 **허밍**을 낸다.
3. 고개를 **위쪽**으로 4박자에 올리면서 들이마신다. 4박자에 정면으로 돌아오면서 날숨과 함께 **허밍**을 낸다.
4. 고개를 **아래쪽으로** 4박자에 내리면서 들이마신다. 4박자에 정면으로 돌아오면서 날숨과 함께 **허밍**을 낸다.
5. 들숨 후, 고개를 오른쪽 방향으로 8박자에 360°로 돌리면서 날숨과 함께 **허밍**을 낸다. **왼쪽** 방향도 **동일**하게 한다.

허밍 대신에 아래의 소리를 사용하여 보자.
1. 소릿길 [우~오~어~아~애~에~이~으~]

2. ㅁ+소릿길 [무~모~머~마~매~메~미~므]

3. ㄴ+소릿길 [누~노~너~나~내~네~니~느]

4. ㄹ+소릿길 [루~로~러~라~래~레~리~르~]

[그룹에서]

• 파트너끼리 서로 마주보고 선다. 또는 원형태로 선다.

1) 다 같이 동일하게 반복한다.

2) 한 사람씩 차례대로 이어서 한다.

; 그룹에서 한 사람씩 소리 내어 보는 것은 매우 중요한 훈련이라 할 수 있다. 함께 했을 때보다 그룹에서 한사람씩 하게 되면 긴장을 하게 된다. 훈련생들이 바라보는 시선이 부담스러울 수도 있다. 그러나 각각의 소리를 들음으로써 소리를 비교, 분석할 수 있게 된다.

[뒷목; 손깍지]

• 〈기마자세〉 목 부위에 힘을 빼고, 머리는 아래를 향한다. 뒷목 부위에서 손깍지를 낀다. 허밍과 함께 깍지 낀 두 손에 작은 반동을 준다. 무릎을 살짝 굽혔다가 처음 자세로 돌아오면서 신체에 짧은 반동을 준다. 반동과 함께 허밍을 낸다. 깍지 낀 손바닥에서 느껴지는 뒷목 부위의 소리 진동을 느끼도록 하자. 비강과 함께 전체적으로 울려지는 소리 진동을 확인하자.

1. 허밍[흠~]을 내면서 신체에 반동이 되도록 한다.

2. [ㅁ+소릿길], [ㄴ+소릿길], [ㄹ+소릿길]을 내면서, 신체에 반동을 준다. 정확한 음절 발음이 되도록 하되, 공명을 더욱 형성시키자. 상체에는 힘을 빼고, 호흡은 복식을 사용한다.

[목 긴장; 이완]

- 〈기본자세〉천천히 상반신을 뒤로 젖힌다. 이때에 목을 포함한 상반신에 힘이 들어가도록 한다. 상반신을 45° 뒤로 젖혀 목 부위에 힘을 5초간 주고 버티다가, 다시 제자리로 돌아오면서 몸에 힘을 뺀다. 목 부위에 힘을 주었다가 빠질 때의 근육이완을 기억하도록 하자.

[목 긴장 + 아래턱 긴장]

- 〈기본자세〉1) 목과 아래턱을 힘을 주어 강하게 **긴장**시킨다. 2) 긴장시킨 상태에서, 고개를 오른쪽으로 90° 돌린다. 고개가 어렵게 돌아가도록 한다. 쉽게 돌리지 않도록 방해받는 느낌으로 고개를 돌린다. 3) 근육의 긴장이 완전히 풀리면서 [무-모~머~마~매~메~미~므-]의 소리와 함께 고개를 정면으로 향하게 한다. 목과 아래턱의 근육을 강하게 긴장시킨 상태와 힘을 완전히 빼어 근육이 이완된 상태의 **근육**과 **소리의 상관관계**를 인지하도록 하자. 반대 방향도 훈련한다. 반복한다.

4) 후두

목을 뒤로 젖힌 상태에서 손으로 목을 만지면 남자의 경우 툭 튀어나오는 부위가 있는데, 이곳이 후두가 시작되는 부분이다. 목소리는 후두와 성도의 상호 밀접한 작용으로 만들어진다. 후두는 호흡을 위한 기도 역할을 하고, 기도를 보호하여 주고, 발성을 담당한다. 후두는 성대 안에 자리 잡고 있다. 성대의 진동은 **적당한 긴장**과 **날숨**에 의해 만들어진다.

후두를 내리고, 목을 여는 훈련을 하자.

[하품]

- 인위적으로 **하품**을 하자. 하품할 때의 구강 상태를 인지하도록 하자. 그리고 후두근육의 느낌을 기억하자. 1) 입술을 닫은 상태에서 하품을 하자. 2) 하품을 하면서 '소리내기 편하니?'라고 파트너에게 물어보자. 3) 하품하면서 파트너에게 질문해 보자. 하품하면서 대답하자.
- ✓ 하아~, 하아~, 흠음~, 소리내기 편하니?

[뜨거운 고구마]

- 〈상상하기〉 아주 뜨거운 고구마가 입 안에 있다. 상당히 맛있다. 당장이라도 삼키고 싶다. 그러나 너무 뜨겁다. 어떻게든 먹으려고 입 안에서 이리저리 움직여 식혀 본다. 입 안과 후두를 둥글게 만들려고 하자.
- ✓ 음~, 흠~, 오이~, 호~

[양치질]

- 〈상상하기〉 **가상의 양치질**을 하자. 입 안의 치아를 구석구석 닦아보자. 그리고 가상의 물을 한 모금 입에 넣고 고개를 살짝 위로 올린 뒤, 후두를 헹구듯 '갸르르~' 소리를 내자. 공기가 밖으로 배출되면서 후두를 자극하도록 하자.
- ✓ 흐우－흐오－흐어－흐아－흐애－흐에－흐이－흐으

; 발성에는 **성대**와 **성도**가 사용된다. 성도를 유연하게 만들어 보자. 부드럽게 이완된 성도는 좋은 공명을 낸다. 성도는 성대의 위쪽부터

시작하여 혀를 지나 입술에 이르기까지의 **관 형태**의 구조를 말한다. 성도는 혀와 턱을 움직여 관의 형태를 바꾸어 다양한 형태의 성대울림(예를 들어, 모음 ㅜ, ㅗ, ㅓ, ㅏ……)을 만든다. 또한 좁힘점의 위치를 바꾸어 여러 가지 자음들을 만들기도 한다.

5) 손거울

발음에는 크게 혀, 입술, 아래턱 등이 사용된다. 발음은 **혀의 위치**, **입술의 모양**, **아래턱의 열림 정도**를 정확히 하고, 후두와 호흡에너지를 조절시켜 소리를 만든다. 발음을 정확히 내기 위해서는 혀와 입술, 아래턱의 긴장을 이완시키고, 후두를 감싸고 있는 후두근육과 발음에 사용되는 발음근육들을 훈련시키는 것이 중요하다. 손거울을 통해 자기 신체에 있는 발성, 발음기관의 생김새와 위치를 살펴보도록 하자. 혀, 입술, 아래턱이 움직이는 모양을 관찰하고 살펴보자.

[손거울]

• 작은 손거울을 준비하자. 손거울을 자기 손바닥에 올려놓고 입 안이 보이도록 위치해 놓는다. 입 안의 생김새와 구조를 자세히 살펴보자. 혀의 생김새, 크기, 길이, 아랫니와 윗니의 생김새, 모양, 양쪽의 안쪽 볼, 연구개, 목젖, 후두, 목구멍 깊숙이 등을 자세히 살펴보자. 혀를 이리저리 움직이고 그 모습을 살펴보자. 연구개를 올려 보자. 연구개를 올렸을 때의 느낌을 갖자. 혀의 뿌리를 내려 보자. 목젖을 올려 보자. 입을 벌리고, 약간의 소리를 냈을 때의 입 안을 관찰하자. 인후강을 보면서 [하, 하, 하……] 소리를 내면서 거울을 통해 후두의 움직임을 살펴보자.

6) 혀

혀는 중요한 조음기관이다. 혀의 유연성이 없으면 전체 공명관에 장애를 일으키고 음질과 발음에 큰 영향을 미치게 된다. 혀는 입과 인두의 일부를 차지하며, 성도 내부의 변화를 일으키는 주된 요인이 된다. 혀의 긴장은 발음장애를 일으키는 직접적인 원인이 된다.

[삽]
- 혀에 힘을 빼고, 아랫입술 밖으로 크게 빼내어 보자. 혀를 **삽**같이 넓게 펴도록 한다. 복식에 의한 호흡으로 날숨을 뱉으며, 최대한 혀에 힘을 뺀다.
- ✓ [혜~, 혜~, 혜……]

[빨대]
- 혀를 삽처럼 밖으로 크게 빼고는, 혀 전체에 힘을 주어 둥글게 말아 보도록 하자. 혀를 **빨대**처럼 둥글게 말아보자. 그리고 배에 힘을 주어 복식 에너지로 날숨을 힘껏 불어보자. 빨대 같은 혀의 통로를 통해 바람을 빠르고 강하게 불어 보자. 나가는 통로가

좁아서 쉽게 바람이 통과하지 못하여 답답함을 느낄 것이다. 복식 에너지를 사용하도록 하자. 둥글게 만 혀가 풀리지 않도록 한다.

✓ 후~, 후~, 후~ ……

[그릇]

• 혀를 삽처럼 밖으로 크게 빼자. 그리고 혀끝을 넓게 전체적으로 위로 넓게 올려 그릇 모양이 되도록 만들자. 혀의 가운데가 그릇처럼 공간이 생기도록 만들어 보자.

[시계 시침]

• 자신의 얼굴을 **시계**라고 상상하자. 혀는 **시침**이다. 얼굴은 시계의 **숫자판**이다. 코는 정오 12시이다. 왼쪽 볼은 3시이다. 아래턱은 6시, 오른쪽 볼은 9시, 다시 돌아온 코끝은 벌써 깊은 밤 12시이다.

1. 리더(Leader)가 시간을 말하면, 훈련생들은 혀끝에 힘을 주어 시간을 맞추도록 방향을 가리키자. 시침이 가리킬 때에 혀로 입술을 훑으면서 돌리지 않도록 한다. 혀끝이 정확한 시간을

가리키도록 한다.

2. 혀 시침이 1시부터 12시까지 천천히 가리키도록 하자.

3. 시계가 미쳤다. 시침이 고장 났다. 시침이 마음대로 움직인다. 빨리 돌아가기도 하고, 반대 방향으로 움직이기도 한다.

[혀로 이름쓰기]

• **혀끝을 사용하여** 공기 중에 1) 본인 이름을 **인쇄체**로 정확히 쓴다. 그리고 2) 본인의 생년월일, 3) 본인의 주소를 정확히 쓴다.

• 혀끝을 사용하여 **단어**를 공기 중에 인쇄체로 써 보자. 혀로 쓴 후에 정확히 발음하여 소리 내자.

1. **혀 끝** 발음으로 끝나는 단어(ㄷ, ㄸ, ㅌ, ㅅ, ㅆ, ㄴ, ㄹ 등이 혀끝으로 발음되는 자음을 우선으로 한다); 빛[빋], 밭[받], 잔[잔], 대물[대:물]……

2. **혀 중간**을 사용하는 단어(ㅈ, ㅉ, ㅊ); 주차[주:차], 짱[짱]……

3. **혀 뒤**를 사용하는 단어(ㄱ, ㄲ, ㅋ, ㅇ); 가구[가구]……

[뱀의 혀]

- 〈상상하기〉 자신의 **혀**는 **독**을 가득 품은 뱀의 혀이다. 허기진
  뱀이 깊은 산 속에서 먹잇감을 찾아다니고 있다. 드디어 먹잇감
  을 발견했다. 혀는 독을 가득 품고 있다. 불쌍한 희생양은 뱀
  앞에서 벌벌 떨고 있다. 독을 품은 뱀의 혀는 힘껏 먹잇감을
  찌른다. 깊숙이 찌른 후(몇 초간 정지 상태) 먹잇감을 던져버린다.
  다시 다가가 먹잇감을 찌른다. 혀 찌르기 - 멈춤 - 혀 빼기를 반
  복한다.

[고양이 혀]

- 〈상상하기〉 고양이가 되었다. 자신의 혀는 **고양이의 혀**이다. 손
  의 털에 묻어 있는 맛있는 음식들을 핥아보자. 혀로 털을 씻어
  보자.

[혀의 공격]

- 〈상상하기〉 자신의 혀는 곧 **칼**이다. 입 안의 아랫니, 윗니는 살짝
  떨어져 있고 입술은 살짝 닫혀 있다.

1. 혀끝을 **날카로운 칼**이라고 생각한다. 입 안의 **오른쪽 뺨**을 3초 간 공격한다. 그리고 턱과 입을 가볍게 벌려 혀를 아랫입술에 살짝 올려놓고, 힘을 뺀 상태로 3초간 유지한다. **왼쪽 뺨**도 동 일한 방법으로 한다.

2. 혀끝에 힘을 주어 입 안의 오른쪽 뺨, 왼쪽 뺨을 **3초씩 번갈아** 찌른다. 반복한다. 점차 빠르게 입 안의 오른쪽 뺨, 왼쪽 뺨을 **1초씩 반복**하여 찌른다. 그리고는 혀를 이완시킨다.

3. 입 안의 한쪽 뺨만 천천히 반복하여 찌른 후, 빠르게 반복하여 찌른다. 반대쪽도 동일하게 한다.

4. 마치, **펜싱 칼**처럼 빠르고 강하게 공기 중에서 마음대로 공격해 보자. 파트너와 일정 거리를 두고 함께 대결하여도 좋다.

[혀 트릴]

- 혀에 힘을 빼고, 혀 트릴을 하자. 파트너와 마주보며 해도 좋다. 리듬을 만들어도 좋다.

1. [rrrrrrrrrrrrr······.]

2. [r~r~r~r~r~r~r~r~r~r~r~r~······]

3. 동요 "따르릉~, 따르릉~, 전화 왔어요~······"의 리듬에 맞추어 혀 트릴을 하여도 좋다.

[혀 마사지]

- 혀에 힘을 뺀다. 아랫니와 윗니를 사용하여 혀의 끝부터 안쪽까지 깨물기 시작한다. 혀를 살짝 깨물어 자극을 주도록 한다. 이른바 혀 마사지이다.

[혀 끝 윗니]

1. 얼굴근육은 긴장시키지 않는다. 입술은 자연스럽게 살짝 벌린다. 혀끝에 힘을 주어 윗니와 연구개 사이에 닿게 한다. 모든 음절을 정확히 말하도록 하자.
2. 힘을 주어 윗니에 닿았던 혀끝을 풀고, 문장의 소리가 끊기지 않게 부드럽게 이어서 말해 보자.

✓ 가는 말이 고와야 오는 말이 곱다
✓ 가자니 태산이요, 돌아서자니 숭산이라
✓ 겉 다르고 속 다르다
✓ 구슬이 서 말이라도 꿰어야 보배다
✓ 길이 아니면 가지 말고, 말이 아니면 탓하지 마라

– 한국속담 중에서

7) 입술

입은 코와 같이 호흡기능을 담당하지만, 말할 때에 주로 그 기능이 발휘된다. 입술은 발음기관 중에서 움직임이 제일 많은 곳이다. 입술은 호흡과 발성, 발음을 조절하고 통제한다. 일반적으로는 아랫입술이 윗입술보다 더 많이 사용된다. 그러나 윗입술 근육도 훈련하여 조음에 부족함이 없도록 하자.

1. 원순모음; 두 입술을 사용하여 둥글게 만들어 내는 모음 [ㅜ], [ㅗ]
2. 평순모음; 입술을 가운데 두거나 좌우로 당겨 만들어 내는 모음 [ㅓ], [ㅏ], [ㅐ], [ㅔ], [ㅣ], [ㅡ]

[소리꽃]

- 혼자, 또는 파트너와 함께 할 수 있다. 파트너끼리 서로 마주보고 일정 거리를 두고 선다. 입술 끝에 힘을 주어 힘껏 모은 후, **쪽-쪽-쪽-쪽-쪽**…… 소리를 내어 상대방에게 **소리꽃**을 전달하자. '쪽' 소리를 상대방에게 힘껏 던져보자. 상대방의 이마, 코, 뺨 등등에 소리꽃이 날아가서 전달되도록 힘껏 소리를 내 보자.
- ✓ 쪽-쪽-쪽-쪽-쪽……

[입술치기]

- 입술에 완전히 힘을 뺀다. 검지로 아랫입술을 빠르게 마찰하면서 [므], [브] 소리를 내도록 하자. 날숨의 나가는 공기의 양이 일정하도록 하자. [므] 또는 [브]의 소리가 일정하게 들릴 수 있도록 한다. 윗입술도 동일하게 하자. 동시에 하자.

✓ 므-므-므-므-므-므- ……
✓ 브-브-브-브-브-브- ……

[입술 마사지]

* 아랫니를 사용하여 윗입술을 반복적으로 살짝 깨물면서 마사지
  를 하자. 윗니를 사용하여 아랫입술을 살짝 깨물면서 마사지하
  자. 마사지할 때에 힘을 세게 주지 않도록 주의한다.

[입술 트릴]

* 두 입술에 긴장을 완전히 뺀다. 입술은 가볍게 닫혀 있다. 약간의
  공기 압력을 일정한 속도로 보내 보자. 붙어져 있던 입술이
  [푸~~~~~] 소리와 함께 떨어졌다가 다시 빠르게 붙는 것을 볼
  수 있다. 복식 에너지와 공기의 압을 이용하여 입술을 이완시
  키자.
✓ 푸~~~~~, 푸~~~~~, 푸~~~~~

* 우리가 알고 있는 동요 "나리 나리 개나리, 입에 따다 물고요,
  병아리떼 종종종, 봄나들이 갑니다"의 멜로디를 사용하여 입술
  떨기를 해 보자. 입술과 입술 주변근육들의 긴장을 최소화하고
  날숨의 양을 조절하여 입술떨기로만 멜로디가 정확하게 들릴
  수 있도록 호흡조절을 하도록 한다.

[입술 움직이기]

1. 입술근육을 오른쪽 방향으로 천천히 끝까지, 왼쪽 방향으로 천
   천히 끝까지 밀어보자. 반복한다.
2. 빠르게 오른쪽, 왼쪽 반복하여 움직이자. 반복한다.

3. 입술근육을 위 방향으로 천천히 끝까지, 아래 방향으로 천천히 끝까지 움직여 보자. 반복한다.
4. 빠르게 위 방향, 아래 방향으로 반복하여 움직이자. 반복한다.
5. 입술근육을 시계 방향, 또는 시계 반대 방향으로 천천히 크게, 끝까지 돌려보자.
6. 빠르게 반복한다.

- 입술에 힘을 주어 뽀뽀하듯 1) 가운데로 모은다, 2) 입술을 양 끝으로 늘린다. 반복한다.

[엄지, 검지 입 안에]

1. 엄지와 검지의 끝을 맞닿아 동그랗게 만들자. 동그랗게 만든 엄지, 검지를 입 안에 살짝 넣고 윗니와 아랫니가 닿도록 한다. 그 상태에서 입술을 적극적으로 움직여 말을 하도록 하자. 손가락이라는 장애물 때문에 발음에 어려움이 있지만, 정확한 발음을 위하여 입술을 더욱 정확하고 적극적으로 움직이자.
2. 엄지와 검지를 제거하고 입술의 적극적인 움직임을 기억하며 말하도록 하자. 둘의 차이를 인지하도록 하자.

✓ 발 없는 말이 천리 간다.
✓ 낫 놓고 기역자도 모른다.
✓ 낮말은 새가 듣고 밤말은 쥐가 듣는다.
✓ 구슬이 서 말이어도 꿰어야 보배다.
✓ 딸 사돈은 꽃방석에 앉히고 며느리 사돈은 가시방석에 앉힌다.

− 한국속담 중에서

[입술 움직이기; 꽉 맞물린 아랫니 + 윗니]

- 〈기본자세〉 얼굴은 정면을 향해 있다. 아랫니와 윗니를 꽉 맞물리게 하자. 이 상태에서 **입술만 움직여** 소리를 내어 보자. 턱과 치아에 모두 힘을 빼고 입술을 정확히 움직여 소리 내어보자. 천천히, 서두르지 말고, 자연스럽게, 음절이 끊이지 않게 길게 소리를 낸다.
- ✓ 유음자음(ㅁ, ㄴ, ㅇ, ㄹ) + 소릿길
- ✓ 단어, 단문장, 속담, 격언, 음절훈련 등등

- ✓ 밤마다 밤마다
  온하로밤!
  싸핫다 허럿다
  긴만리성!

  — 김소월, 「만리성」

8) 턱

정확한 발음을 위해서는 발음기관을 정확히 사용하는 것이 중요하다. 혀, 입술훈련과 마찬가지로 턱의 긴장된 근육을 이완시키고 턱관절을 강화시켜야 한다.

[주먹 위의 아래턱]

- 고개는 정면을 바라보고 있다. 손에 주먹을 쥔다. 주먹의 편편한 면을 아래턱에 받친다. 1) 주먹 쥔 손에 힘을 주어 머리를 지탱한다. **아래턱에 힘을 주어 주먹을 밀면서 소리를 낸다.** 주먹이 쉽게 밀리지 않도록 한다. 아래턱만 움직이고, 머리가 움직이지 않도

록 관찰하면서 소리를 낸다. 늘어난 오디오테이프의 소리처럼 소리를 낸다. 2) 주먹을 아래턱에서 제거한 후, 편안하게 소리를 낸다. 둘의 차이를 인지하도록 한다.

✓ 고오, 노오, 도오, 로오, 모오, 보오, 소오, 오오, 조오, 초오, 코오, 토오, 포오, 호오

✓ 아장아장 걸어 나온
  아침 아기 이파리

―박남준, 「봄편지」 중에서

✓ 붉은 전등, 푸른 전등,
  넓다란 거리면 푸른 전등,
  막다른 골목이면 붉은 전등,

―김소월, 「서울 밤」 중에서

[아래턱 잡아 내리기]

• 턱에 긴장을 푼다. 주먹을 살짝 쥐고, 아래턱을 가볍게 잡는다.

잡은 턱을 아래로 끝까지 내리며 소리를 내도록 하자. 이때, **턱은 스스로 움직이지 않게 한다.** 턱을 잡은 손의 의지로만 아래턱이 내려가도록 한다.

✓ 가아, 나아, 다아, 라아, 마아, 바아, 사아, 아아, 자아, 차아, 카아, 타아, 파아, 하아

[아래턱 흔들기]

• 주먹 쥔 손으로 아래턱을 잡고 위아래로 빠르게 흔든다. [아~~~] 소리를 내면서 흔들어도 좋다.

[어깨 위의 아래턱]

• 아래턱을 오른쪽 어깨 위에 올려 보자. 아래턱이 힘을 가하여 어깨를 누르면서, 소리를 내어 보자. 왼쪽 어깨에도 동일하게 한다.

✓ 가~, 나~, 다~, 라~, 마~……

[아래턱 운동]

1. 아래턱을 부드럽게 좌우로 움직여 보자.
2. 아래턱을 상하로 움직여 보자.
3. 아래턱을 사용하여 원을 그리듯 둥글게 움직여 보자.

[껌 씹기]

• 빠르고, 바쁘게 가상의 껌을 적극적으로 씹으면서 아래턱을 움직이자.

9) 신체 이완

배우의 신체는 이완되어 있어야 한다. 음성기관은 신체 안에 자리하고 있기 때문에 더욱 그렇다. 모든 기관은 신체 안에서 서로 밀접하게 작용하고 있다. 긴장된 신체에서는 자연스런 소리를 얻을 수 없다. 경직된 신체는 화술이 요구하는 목표를 방해할 따름이다. 이제부터 신체를 이완시켜 보자.

[신체 이완 1]

다리는 어깨 넓이만큼 벌리고 팔은 자연스럽게 골반 옆에 주먹을 살짝 쥔 상태로 내린다. 척추는 곧게 펴 상체를 고정시키고 하체에는 무게 중심이 실리도록 한다. 신체의 근육은 부드러운 상태를 유지하도록 한다. 목, 어깨, 팔 부위도 이완 상태를 유지하도록 한다.

• 〈기본자세〉 **신호**가 주어지면 손을 위로 뻗으면서, 신체를 경직시킨다. 마치 나무가 태양을 향해 몸통을 쭉 뻗어 올리듯이 뻗어 올린다. 신체의 축을 누군가 위에서 잡아 올리고 있다는 느낌을 받도록 한다. 다시 신호가 주어지면 1) 손목, 2) 팔꿈치, 3) 어깨, 4) 목, 5) 허리의 순서대로 차례로 힘을 풀어 이완시킨다. 이완 차례가 오지 않은 곳은 긴장하고 있어야 한다.

1. 신호; 기본자세에서, 두 팔을 위로 뻗으며, 온몸을 경직시킨다.
2. 신호; [흠~] 소리와 함께, 손목의 긴장만 완전히 풀어 떨군다.
3. 신호; [흠~] 소리와 함께 팔꿈치의 긴장만 완전히 풀어 떨군다.
4. 신호; [흠~] 소리와 함께 어깨의 긴장만 완전히 풀어 팔을 떨군다.
5. 신호; [흠~] 소리와 함께 머리의 긴장만 완전히 풀어 머리를 떨군다.

6. 신호; [흠~] 소리와 함께 허리의 긴장만 완전히 풀어 상체를 아래로 떨군다.

7. 신호; [흠~] 소리와 함께 온 몸에 힘을 빼고 바닥에 소리 없이 눕는다.

[신체 이완 2] <신체 이완 1>과 연결하여 훈련하자

등이 바닥에 닿게 눕는다. 두 다리는 어깨 넓이로 벌려 있다. 신체는 이완되어 있다. 어느 곳에도 긴장된 곳이 없다. 이 자세를 **누운 자세**라고 한다. 손은 골반 옆에 한 뼘 정도 떨어진 곳에 놓는다. 손, 발, 골반, 등, 머리, 목, 어깨 등에 긴장을 두지 않도록 한다. 특히 목과 어깨가 긴장되지 않도록 지속적으로 확인한다.

- 〈누운 자세〉 편안한 상태에서 허밍을 길게 낸다. 바닥을 통해 전달되는 소리의 진동을 온몸으로 느낀다. 가슴, 등, 어깨, 골반, 팔, 손, 다리, 발, 목, 그리고 머리에 소리의 진동을 느낀다. 바이브레이션 진동에 집중한다.

- 〈누운 자세〉 상상한다. 따뜻한 바다 위에 떠 있다. 복식을 이용하여 들숨과 날숨을 반복하여 호흡한다. 출렁이는 파도에 몸을 맡긴다. 출렁이는 가상의 파도 움직임에 신체를 반응한다.

1. 멀리서 파도가 밀려온다. 파도의 움직임을 허밍을 통해 나타낸다. 이완된 복부근육으로 허밍의 강약을 조절한다. 소리울림의 강약이 곧 파도의 움직임이다.

2. 커다란 배가 **멀리에서** [부웅~~~] 소리를 내며, **가까이** 다가오고 있다. 뱃소리는 점점 크게 들리더니, 어느새 자신의 곁을 지나간다. 뱃소리가 '작게~, 점점 크게~, 점점 작게' 들린다.

3. 신체가 가상의 따뜻한 바다 위에 둥실 떠 있다. "오! 좋아, 너무
좋아, 너무 좋아"라고 말하면서, 후두근육을 이완시켜 말해 보
자.

[신체 이완 3]

• 〈누운 자세〉 상상한다. 뜨거운 태양이 내리쬐는 모래사장 위에
누워 있다. 모래는 기분 좋을 만큼 따뜻하다. 태양의 열기로 덥
혀진 모래는 신체를 기분 좋게 만든다. 손으로 모래의 촉감을
상상한다. 상상의 모래를 손가락으로 만지작거리며 아래의 소리
를 낸다.

1. [흠~] 작고, 부드럽게.
2. [흠~] 강하고, 힘있게.
3. [흠~ 아~ ……], [흠~ 마~ 아~ ……] 이어진 소리로, 강하게.
4. [마-마-마-마아아~~~] 비음이 풍성하도록.

[자세 1]

• 〈누운 자세〉 등을 바닥에 대고 눕는다. 팔꿈치를 땅에 대고, 머

리, 어깨, 발바닥만 바닥에 닿아 있고, 등과 엉덩이는 들려 있다.

✓ 금~, 늠~, 듬~, 름~, 믐~, 븜~, 슴~, 음~, 즘~, 츰~, 큼~, 틈~, 픔~, 흠~

[자세 2]

* 〈누운 자세〉 **등**을 바닥에 대고 누워 있다. 코로 숨을 들이마신다. 날숨에 천천히 무릎을 배 쪽으로 굽히면서 누른다. 들숨을 빨리 들이마시고, 소리는 동작과 함께 내되 서두르지 않는다. 비강부 위의 울림을 많이 사용한다. 반복한다.

✓ 근~, 는~, 든~, 른~, 믄~, 븐~, 슨~, 은~, 즌~, 츤~, 큰~, 튼~, 픈~, 흔~

[자세 3]

* **복부**를 바닥에 대고 누워 있다. 팔꿈치를 가슴 부위에서 굽히고, 손바닥을 바닥에 닿게 한다. 가슴은 바닥에 닿아 있다. 상체를 뒤로 젖히면서 들숨을 쉰다. 상체를 오른쪽 방향으로 돌리면서 날숨과 함께 소리를 낸다. 왼쪽 방향도 동일하게 소리를 낸다.

✓ 긍~, 능~, 등~, 릉~, 믕~, 븡~, 승~, 응~, 증~, 층~, 킁~, 틍~, 픙~, 흥~

[자세 4]

- **복부**를 바닥에 대고 눕는다. 등에서 팔짱을 끼어 보자. 상체를 뒤로 젖히면서 소리를 내자.

✓ 글~, 늘~, 들~, 를~, 믈~, 블~, 슬~, 을~, 즐~, 츨~, 클~, 틀~, 플~, 흘~

[소리 진동 느끼기]

- **복부**를 바닥에 대고 눕는다. 오른손, 왼손을 겹쳐 이마를 대고, 소리를 낸다. 바닥에 닿아 있는 신체는 소리의 진동을 잘 느낄 수 있다. 소리가 연결되도록 한다.

✓ 므-느-므-느-므-느-므-느-므-느-므-느-므-느-므-느-므-느~~~

[마리오네트]

- 〈상상하기〉 마리오네트의 **줄인형**이 되었다. 손목, 팔꿈치, 어깨, 목, 머리, 허리, 무릎, 발에 줄이 달려 있다. 척추만 곧게 펴져 있고, 신체의 다른 부분에는 모두 힘이 빠져 있다. 가상의 인형조

정자가 있어서 관절에 연결되어 있는 줄을 잡아당기고 있다. 팔꿈치, 손목, 무릎, 어깨, 허리가 차례로 당겨지고 있다. 가상의 인형조정자는 어느 순간에 인형줄을 모두 끊어 버리고 만다. 인형과 인형조정자의 역할을 파트너와 함께 훈련하여도 좋다.

[포물선]

- 〈기본자세〉 곧게 서 있던 자세에서, 척추를 하나씩 구부리며 상체만을 아래로 천천히 내리며 소리를 낸다. 상체가 완전히 아래로 향한 후에는, 다시 척추를 하나씩 곧게 세워 처음 자세를 취하면서 소리를 낸다.

1. 므누 – 므노 – 므너 – 므나 – 므내 – 므네 – 므니 – 므느
2. 느무 – 느모 – 느머 – 느마 – 느매 – 느메 – 느미 – 느므
3. 무누 – 모노 – 머너 – 마나 – 매내 – 메네 – 미니 – 므느
4. 누무 – 노모 – 너머 – 나마 – 내매 – 네메 – 니미 – 느므

[레이저]

- 〈기본자세〉 레이저의 **광선**이 곧 **소리**이다. 호흡에 광선소리를 실어, 공간을 나누어 보자. 왼쪽에서 오른쪽, 위에서 아래, 대각선 방향으로 공간을 나누어 보자. 깊은 호흡과 소리로 가상의 벽을 갈라 보자. 소리 에너지를 부여하자.

[호흡 감기]

- 〈기본자세〉 파트너와 함께 거리를 두고 마주보고 선다. 한 사람이 눈을 감고 있다. 다른 사람이 파트너에게 **호흡**으로 몸을 감아 보자. 상대방의 신체를 돌아가며 호흡으로 감싸 주도록 한다. 발, 종아리 등을 시작으로 정수리까지 점진적으로 호흡을 감아

보자. 정수리에 도달하면 남겨진 호흡과 함께 [야!] 또는 [모두],
[전부]라고 말하자. 호흡을 이미지화시키도록 하자.

✓ 하~, 하~~, 하~~~…… 야! (모두, 전부……)

10) 움직임과 화술

화술훈련 복장은 레오타드같이 움직임이 편하고, 신체 변화가 보
이는 복장으로 훈련하는 것이 좋다. 훈련 공간도 딱딱한 바닥보다는
카펫이나 매트리스가 있는 것이 좋다. 소리훈련에 함께 동반되어야
할 것은 액티브한 움직임들이다. 움직임과 소리의 조합은 호흡기능
조절능력을 향상시키고, 공명을 강화시킨다. 이 조합은 훈련자세가
어색하고 소리와 움직임, 리듬, 박자가 어색해 보일 수 있으나 전혀
문제가 되지 않는다. 적응이 되고 나면 호흡과 신체와 언어가 향상되
었다는 것을 깨닫게 될 것이다.

쿠니친(A.N. Kunitsyn)[9]은 운동과 호흡근육에 관한 메커니즘에서
운동이 지닌 이중 기능성에 대하여 이렇게 말하였다. '점프, 달리기,
물구나무서기, 옆돌기, 앞뒤구르기 등의 척추굴곡이나 신체가 회전될
때 사용되는 적극적인 호흡(들숨)근육들은 소리훈련에 사용되어야 한
다'고 하였다. 스타니슬랍스키도 배우 움직임에 관하여 다음과 같이
이야기하고 있다.

아크로바틱에 관한 문제에서는 여러분의 결단이 필요하다. 과학에서

---

9 쿠니친(A.N. Kunitsyn) : 러시아 배우이자 연출가이며 배우화술계의 권위자이다.

는 이마나 무릎 등에 타박상이나 멍이 들지 않게 하라고 하지만, 내 생각에 그것은 옳지 않다. 다르게 생각해 보면, 생각이 지나치게 많거나 우물쭈물 망설이는 것보다 과감한 움직임에 대한 결정이 배우의 신체적 직관이나 영감을 불러일으키기 때문이다. 이러한 육체적인 행동이나 동작들은 여러분 속에 큰 힘을 가져다 주고, 내면을 강하게 만들어 준다.

기능이 부족하면 예술성에 도달하기는 어렵다. 드라마가 지닌 극 구조에는 다양한 템포와 리듬이 존재한다. 배우의 연기, 움직임, 언어에도 다양한 템포와 리듬이 존재한다. 움직임 속의 템포와 리듬은 소리 유연성에 큰 도움을 준다. 몸의 기본 축을 유지하는 '서 있는 동작', '걷는 동작', '뛰는 동작', '춤추는 동작', '펜싱 동작', '인사 동작', '무릎 꿇는 동작', '눕는 동작'들은 배우의 기능을 높이는 동시에 다양한 표현을 가능하게 하고 호흡과 소리에 좋은 영향을 미친다.

많은 사람들은 소리를 낼 때, 신체를 크게 사용하는 것이 적게 사용하는 것보다 더 어렵다고 생각한다. 그러나 훈련에 임해 보면 이러한 생각이 틀렸다는 것을 곧 알게 된다. **움직임이 크고 역동적일수록, 게다가 어려운 동작일수록 호흡과 울림이 쉽다**는 사실을 사람들은 모르고 있다. 기초적인 발성훈련에 역동적인 신체 움직임을 접목하여 보자. 가만히 서서 발성훈련을 하는 것보다 역동적인 움직임을 동반하는 것이 발성과 호흡에 쉽다. 움직임이 없는 화술발성은 소리근육들을 경직시키기 때문이다. 역동적인 움직임은 이미 여러 근육을 사용하고 있기 때문에 소리의 울림을 더 편안하게 형성시켜 준다. 젊을수록 대중 앞에서 연설을 해 본 경험이 적다. 그래서 타인 앞에 서면 부끄러움을 타게 되고, 부끄러움을 느낀 신체는 근육을 긴장시키게 된다. 긴장된 근육은 좋은 울림을 형성하지 못한다.

필자는 적극적인 신체 움직임과 함께 화술훈련을 시키는데, 훈련생(연기과 학생들)들에게서 어렵다는 말을 종종 듣는다. 그들 대부분은 훈련에 임하기도 전에 어렵다고 미리 판단해 버린다. 어렵다는 그들의 말은 본인이 훈련에 스스로 만족하지 못하거나, 현재의 지나친 신체활동이 불만이라는 것을 뜻한다.

신체의 동적인 움직임에는 음성자동조절기능과 자율적 움직임, 음성변환 시스템을 향상시키는 기능이 포함되어 있다. 소리내기 불편하고 어려운 동작은 오히려 호흡과 소리기관을 연결시켜 주고, 점차적으로 호흡과 소리 에너지를 증가시켜 준다. 사람들은 "역동적인 움직임의 결합들이 호흡곤란을 야기하지 않느냐?"라고 질문을 한다. 물론 처음에는 그럴 수 있겠지만 점차적으로 사라지는 것을 곧 알게 된다. 특히, 목과 어깨 부위의 긴장된 근육 때문에 소리가 조금씩 억눌려 보이기도 할 것이다. 때로는 그렇게 되기도 하지만 그것은 호흡곤란 현상과 같은 과도한 긴장에서 발생되는 현상이다. 신체훈련을 온전히 자신의 것으로 만들어 버리면 이것들은 곧 사라지게 된다.

배우의 화술훈련은 불편하고 어려운 신체 자세가 동반되어야 한다. 배우는 이러한 상황들도 준비되어 있어야 한다. 화술을 가르치는 지도자들의 노력에도 불구하고 훈련생들이 지닌 문제점들은 단시간에 사라지지 않는다. 단기간에 이상적으로 변화될 수는 없겠지만, 강도 높은 꾸준한 훈련을 통해 배우들은 현대 연극에 맞게 성장될 것이다. **훈련생들은 강도 높은 훈련을 두려워하지 말아야 할 것이다.**

연기훈련을 전문적으로 시작하는 이들의 대부분은 20대 초반의 젊은이들이다. 그 시기는 인간의 일생 가운데서 가장 활동적이고 에너지가 넘치는 시기이다. 에너지가 절정일 때에 강도 높은 신체훈련이 이루어져야 한다. 집중적으로 훈련해야 한다. 무대 위의 배우 움직임은 대부분이 활동적이고 역동적이다. 훈련을 요하는 신체 동작들과 더불어 화술을 훈련하도록 하자. 언어의 관성을 극복하기 위한 호흡 훈련과 선명한 언어의 움직임이 되도록 훈련하자. 정확한 발음과 감정을 지닌 훈련이 되도록 하자.

걷기, 뛰기, 흔들기, 몸 굽히기(팔 굽혀 펴기), 몸 돌려 짜기, 물구나무서기, 옆돌기, 다리(bridge), 어렵지 않은 발레 기본 동작들을 화술에 접목시켜 보자.
① 신체적 훈련을 통하여 호흡근육을 단련시키자.
② 복합적이고 다양한 움직임과 더불어 호흡과 소리를 훈련하자.
③ 리듬감 있게 횡경막을 사용하면서 소리와 호흡을 훈련하자.
④ 워밍업을 하면서 음성훈련을 하자.

역동적인 움직임은 훈련에 효과적이다. 예를 들어 숫자를 세면서 걷거나 뛰기, 가볍게 도약하기 등의 동작은 **소리**와 **호흡**의 긴장을 자연스럽게 제거시키는 동시에 울림을 풍성하게 한다.

신체의 공명소에는 머리 위쪽의 둥근 지붕과 얼굴 안면 쪽의 작은 공명소들, 가슴, 등, 고관절 등이 있다. [ㄴ], [ㅁ], [ㅇ], [ㄹ] 등의 공명 확장에 도움을 주는 자음을 많이 사용하여 음절조합, 단어, 단문, 복문, 속담, 격언, 적은 분량의 텍스트 등을 '정확히 말하기', '빨리 말하기'를 훈련하면서 공명을 확장하도록 하자.

어깨 + 목, 턱 + 목, 고관절 + 복근압박, 앞쪽어깨 + 손목을 훈련하자.

[기마자세]

기본자세에서 두 팔을 편안히 아래로 떨어뜨리고, 무릎은 살짝 굽혀보자. 이를 **기마자세**라고 한다. 이 자세의 장점은, 무게 중심을 아래로 향하게 하는 것이다. 무게 중심이 아래로 향하게 되면, 호흡과 소리가 뜨지 않고 복부에서 소리가 나오는 것을 도와주게 된다.

- 〈기마자세〉 몸에 힘을 빼고 천천히, 그리고 부드럽게 자세를 유지한 채, 몸 전체를 움직여 보자. 긴장된 곳이 있는지 스스로 확인하도록 하자. 1) 허밍과 함께 신체를 부드럽게 **앞→뒤→좌→우**로 흔들어 준다. 2) **양 발바닥의 앞꿈치 → 양 발바닥의 뒤꿈치 → 양 발바닥의 오른쪽 면 → 양 발바닥의 왼쪽 면**으로 무게 중심을 옮겨가면서 허밍 소리를 내도록 한다. 3) 발바닥의 **앞꿈치 → 오른쪽 → 뒤꿈치 → 왼쪽**을 둥글게 연결하여 움직여 준다.

- 기마자세에서 아래의 텍스트를 낭송하여 보자. 빠르지 않게, 모음을 풍성히, 말을 연결하여 소리를 내자. 신체를 율동적이게

움직이듯, 소리도 율동적이게 내자.

✓ 살으리 살으리라

　　청산에 살으리라

　　머루랑 다래랑 먹고

　　청산에 살으리라.

　　얄리얄리 얄리셩 얄라리 얄라…….

－무명씨, 「청산별곡」 중에서

[거위 걸음]

- 개인 또는 그룹이 한 방향을 바라보고 서도록 하자. 천천히 걸어
보자. 오른발의 박자에 1(하나), 2(둘), 3(셋)의 숫자를 소리 내어
세고, 4(넷)박자에 [스~] 소리와 함께 등이 펴진 상태에서 앉았다
가 일어선다. [스~] 소리는 아랫니와 윗니는 살짝 서로 붙이고,
입술만 살짝 떨어뜨려 공기가 나가는 통로를 좁게 만들어 나오
는 소리이다. 복근을 배의 안쪽으로 밀면서 소리를 내보자.

✓ 　　1(하나) － 2(둘) － 3(셋) － 스~~,　　1(하나) － 2(둘) － 3(셋) － 스~~
　　……. 반복.

- 양손을 등 뒤에서 맞잡고, 거위걸음을 하면서 소리를 내자.

✓ 스~, 스~, 스~, 스~ ……

[숫자 세기, 곱하기]

- 그룹에서 원 형태를 취한다. 서로 좁게 밀착하여 옆 사람과의
간격을 두지 않는다. 두 손을 가슴 높이에 올려 손바닥을 서로
맞대게 한다. 상체는 가운데로 살짝 향하여 있다. 거의 들리지

않는 속삭이는 소리(1; 하나)부터 시작하여 조금씩 소리의 볼륨을 높이기 시작하여, 매우 큰 소리(10; 열)까지 내도록 한다. 소리의 크기는 양 손바닥 사이의 거리에 비례시킨다. 제일 큰 소리는 숫자 [10; 열]이고 양 손바닥은 좌우 끝까지 벌리도록 한다. 끝까지 벌린 양손을 가운데로 조금씩 모으면서, 숫자 [10; 열]에서 숫자 [1; 하나]의 순서대로 소리를 내도록 한다. 속삭이며 말할 때에도, 소리의 울림이 풍부하도록 하자. 정확한 모음소리에 에너지를 두고, 함께 서로서로 호흡하며, 바라보며 소리를 낸다.

하나 – 하나 – 하나, 둘 – 둘 – 둘, 셋 – 셋 – 셋……아홉 – 아홉 – 아홉, 열 – 열 – 열, 아홉 – 아홉 – 아홉, 여덟 – 여덟 – 여덟……둘 – 둘 – 둘, 하나 – 하나 – 하나

✓　〈1,1,1 → 2,2,2 → 3,3,3 → 4,4,4 → 5,5,5 → 6,6,6 → 7,7,7 → 8,8,8 → 9,9,9 → 10,10,10 → 9,9,9 → 8,8,8 → 7,7,7 → 6,6,6 → 5,5,5 → 4,4,4 → 3,3,3 → 2,2,2 → 1,1,1〉

〈**매우 작게(속삭이듯, 거의 들리지 않게) → 작게 → 조금 작게······ 매우 크게 → 제일 크게 → 매우 크게······조금 작게 → 작게 → 매우 작게(속삭이듯, 거의 들리지 않게)**〉

• 같은 방식으로 [곱하기]로 훈련해도 좋다. [곱하기] 순서대로 수가 많아지면 소리의 크기가 커지고, 수가 작아지면 소리의 크기가 작아지되, 작은 소리라 하더라도 에너지가 동일하도록 한다.

이일은이 → 이이는사 → 이삼은육 → 이사팔 → 이오십 → 이사팔 → 이삼은육 → 이이는사 → 이일은이

✓　〈2×1=2 → 2×2=4 → 2×3=6 → 2×4=8 → 2×5=10 → 2×4=8 → 2×3=6 → 2×2=4 → 2×1=2〉

[조깅]

1. 그룹에서 원 형태로 선다. 한 쪽 방향을 바라본다. 힘을 뺀 팔을 가볍게 앞뒤로 흔들어 걷기 시작한다. 복부근육을 이용하여 날숨을 쉬면서, 허밍[흠~]을 짧고 강하게 반복하여 낸다. 상체(특히 목과 어깨)에 긴장을 두지 않는다. 가볍고 편안하게 걸으면서 비강에 허밍 진동이 확장되도록 소리를 낸다.

✓ 흠~, 흠~, 흠~, 흠~ ……

2. 수를 세면서 **조깅**을 한다. 그룹훈련에서는 함께 '하나의 목소리', '하나의 리듬'으로 소리를 낸다. 몸 전체를 활동적으로 움직이며 가볍게 뛴다. 가볍게 뛰되, 다리가 상체까지 올라오도록 한다. 오른발에 박자를 맞추어 소리를 낸다. 두 손은 주먹을 살짝 쥔 상태에서 상체 옆쪽에서 앞, 뒤로 가볍게 흔들고, 발도 보폭을 작게 하여 가볍게 뛰면서 소리를 낸다. 뛰면서 소리를 내기 때문에, 호흡이 거칠어지지 않도록 호흡을 조절하도록 한다. 울림이 몸 전체에서 나도록 한다. 시작을 알리는 박수를 4번 친 후, 가볍고 리듬 있게 뛰면서 소리를 낸다. 반대 방향으로 동일한 방법으로, 박수 4번에 몸을 돌려서 소리를 낸다. 가볍게 뛴다.

✓ 제자리; 박수 4번, 구-우-우-우, 고-오-오-오, 거-어-어-어-어, 가-아-아-아, 개-애-애-애, 게-에-에-에, 기-이-이-이, 그-으-으-으, 제자리; 박수 4번, 반대 방향으로 구-우-우-우-우, 고-오-오-오, 거-어-어-어-어……

3. 동시 「나비야」를 사용하여 훈련하여 보자. 동시를 소리 나는 대로 길게 발음하여 소리를 내어 보자.

예) 동시 「나비야」

나비야 나비야 이리 날아 오너라 [나아비이야아 나아비이야아 이리이 나아라아 오너어라야]

호랑나비 흰나비 춤을 추며 오너라 [호오라앙나아비이 히이인나아비 이 추우므을 추우며어 오오너어라야]

봄바람에 꽃잎도 방긋방긋 웃으며 [보옴빠아라아메에 꼬온니입도오 바앙끄은바앙끄은 우우스으며어]

참새도 짹짹짹 노래하며 춤춘다 [차암새애도오 째액째액째액 노오래 애하아며어 추움추운다아]

4. 각 음절을 아래와 같이 나누어, 뛰면서 소리를 내자. 끝에 소리 나는 단모음을 반복하여 소리를 내자. 각 음절마다 힘을 배분 하여, 정확한 모음소리와 울림 있는 소리가 나도록 하자.

나아아아 비이이이 야아아아, 나아아아 비이이이 야아아아, 이이이이 리이이이, 나아아아 라아아아, 오오오오 너어어어 라아아아,

호오오오 라아아앙 나아아아 비이이이, 히이이인 나아아아 비이이이, 추우우우 므으으을, 추우우우 며어어어, 오오오오 너어어어 라아아아,

보오오옴 빠아아아 라아아아 메에에에, 꼬오오온 니이이입 또오오오, 바아아앙 끄으으은 바아아앙 끄으으은, 우우우우 스으으으 며어어어,

차아아암 새애애애 도오오오, 째애애액 째애애액 째애애액, 노오오오 래애애애 하아아아 며어어어, 추우우움 추우우운 다아아아

5. 위와 같이 각 음절을 반복하는가 하면, 어절의 마지막 음절만 반복하여 소리를 낼 수도 있다. 반복되는 마지막 음절소리에 에너지가 느껴지도록 하자.

예) 「엄마야 누나야」

엄마야 누나야
강변살자
뜰에는
반짝이는 금 모래빛
뒷문 밖에는 갈잎의 노래
엄마야 누나야 강변살자

엄마야-아-아 누나야-아-아
강변살자-아-아
뜰에느-으-은
반짝이느-으-은 금 모래비-이-일
뒷무-우-운 밖에느-으-은 갈잎에-에-에 노래-애-애
엄마야-아-아 누나야-아-아 강변살자-아-아

[벨(bell) [m], [n], [r], [z]]

- 가상의 벨을 누르자. 복부근육을 본인의 방향으로 당기면서, 벨 소리를 강하고 길게 내도록 하자. 한 손으로 '가상의 벨[m], [n], [r], [z]'을 누르고, 다른 손으로는 자신의 얼굴과 신체의 부위에 손을 대어 바이브레이션을 느껴보도록 하자.
1. 벨 누르기: 길게 또는 짧게 가상벨을 눌러 보자. 큰 건물 안의 긴 복도 끝에 있다고 상상하자. 복도에는 아무것도 없어서 조그마한 소리도 크게 울린다. 복도에서 울리는 소리를 상상하자.
2. 조그만 소리도 크게 울리는 복도에서 통화를 한다고 상상하자.

호흡과 소리를 깊게 내도록 한다. "엄마, 엄마, 엄마! ……" 대화를 시작한다. "뭐하셨어요? 주무셨어요? ……" 요구하는 목소리로 통화를 하자.

3. 다양한 가상벨을 소리 내어 보자. 일정한 간격으로 반복하여 울린다.

[숲속 폭풍]

- 〈상상하기〉숲의 나무가 되었다. 바람이 분다. 폭풍이 불기 시작한다. 나뭇가지가 크게 흔들린다. 심지어 나무뿌리까지 뒤흔들어 놓을 기세이다. 사방에는 [m~], [s~] 소리로 충만하다. 소리의 힘, 템포, 높이, 깊이 등을 폭풍우의 방향과 세기에 변화를 주는 것이 여기에서의 과제이다.

1. 오래된 웅장한 나무가 폭풍에 신음한다.
2. 젊고 어린 나무가 폭풍에 신음한다.
3. 폭풍은 나무의 큰 기둥을 휘감고 가지들을 사방으로 감돈 후에, 바다로 방향을 바꾼다.

4. 강한 바람을 동반한 폭풍우는 나무를 뒤흔들어 '흐느끼는 소리'
   를 낸다.
5. 폭풍이 서서히 가라앉고, 태양이 고개를 내밀었다.

[지휘자와 오케스트라]

• 그룹 또는 파트너와 훈련할 수 있다. 지휘자를 정하도록 하자.
  다른 사람들은 '오케스트라'이다. 지휘자는 '소리'를 정하고, '시
  작음'을 알려준다. 오케스트라는 지휘자의 지시에 따라 템포, 리
  듬, 고저를 변화시킨다. 지나치게 빠르거나, 재미 위주가 되지
  않도록 주의하며 훈련하자. 관계와 앙상블이 훈련되도록 하자.
  지휘자의 지시에 따르자. 함께 호흡하고 집중하자. (크게, 작게,
  빠르게, 느리게, 높게, 낮게, 강하게, 약하게……)

[포옹하기]

• 〈기본자세〉 양팔을 가슴 높이에서 좌우로 활짝 뻗는다. 소리와
  함께, **자신을 포옹한다.** 다시 처음 자세로 양팔을 벌린 후, 소리와

함께 스스로를 포옹한다. 반복한다. 짧은 들숨과 긴 날숨에 소리를 얹혀 낸다.

✓ 구-고-거-가-개-게-기-그……(다양한 음절조합으로 소리훈련을 하자.)

[무릎 껴안기]

- 〈기본자세〉무릎을 굽혀 가슴까지 올린다. 동시에 두 팔로 무릎을 껴안으며 소리를 낸다. 무릎을 번갈아 올리면서 소리를 낸다. 한쪽 다리에 무게 중심을 싣고 행동을 하게 되므로, 복식에서 소리가 나오는 것이 자신도 모르는 사이에 자연스러워진다. 적극적인 행동과 소리로 반복한다.

✓ 므누-므노-므너-므나-므내-므네-므니-므느……

[팔뻗기]

- 기본자세에서 양손을 어깨에 놓는다(들숨). 손바닥을 어깨 높이에서 앞으로 밀면서 소리를 낸다. 등과 목은 펴고, 턱은 들려 있지 않다. 한 팔씩 번갈아 소리를 내어도 좋다.

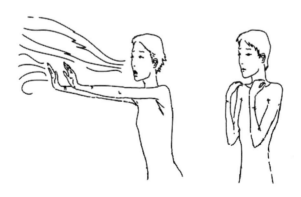

✓ 꿀리다– 꼴리다– 껄리다– 깔리다– 깰리다– 껠리다– 끌리다–
끨리다······

[손깍지]

- 기본자세에서 손깍지를 끼고 가슴에 댄다. 깍지 낀 손바닥을
앞으로 밀면서 소리를 낸다. 처음 자세로 돌아온 후(들숨), 손깍
지를 앞으로 밀면서 소리를 낸다. 반복한다.
✓ 키으구~, 키으고~, 키으거~, 키으가~, 키으개~, 키으게~, 키으
기~, 키으그~ ······

[펌프]

- 〈기본자세〉 펌프질을 반복하는 행동을 하면서 소리를 낸다. 상체
를 적극적으로 굽혔다 펴는 반복적 행위는 복식호흡에 도움을
주는 동작이면서 동시에 소리에 에너지를 더해 준다. 리듬감 있
게 펌프하며 소리를 낸다. 반복한다.
✓ 두굴두굴, 도굴도굴, 더굴더굴, 다굴다굴, 대굴대굴, 데굴데굴,
디굴디굴, 드굴드굴

[용수철]

- 〈기본자세〉 용수철의 동작처럼 가볍게 위로 뛰면서 소리를 낸다.
제자리에서 용수철처럼 점프하면서 소리를 낸다.
✓ 두츠–도츠–더츠–다츠–데츠–대츠–디츠–드츠
✓ 투츠–토츠–터츠–타츠–테츠–태츠–티츠–트츠
✓ 두츠투츠–도츠토츠–더츠터츠–다츠타츠–대츠태츠–데츠테
츠–디츠티츠–드츠트츠

; 몸에 힘을 빼고, 빠르게 용수철처럼 튕기듯 움직이며 소리를 낸다. 특히 어깨에 긴장을 완전히 빼도록 한다.

[점프하기]

- 〈기본자세〉 가볍고 높게 위의 방향을 향하여 도약하면서 소리를 낸다.
- ✓ 즈구−즈고−즈거−즈가−즈개−즈게−즈기−즈그

[승마]

- 〈상상하기〉 말을 타는 듯 자세를 취한다. 상상으로 말을 탄다. 상상의 말발굽이 땅에서 떨어지면, 말이 출발하면서 우는 소리 [히이잉]을 낸다. 손은 말고삐를 잡고 있다. 리듬감 있게 말을 탄다. 따그닥−따그닥−따그닥 소리를 내며 말은 달리고 있다. 소리의 속도는 점점 빨라진다. 소리의 높이는 올라가지 않는다. 말을 멈추면서 [히이이힝~~!]을 낸다.

[기차]

- 기차의 바퀴를 팔에 비유시킨다. 상상의 기차가 역에서 출발한다. 기차는 일정한 속도로 움직이고 있다. 양팔을 둥글게 움직이면서 소리를 낸다.
- ✓ 축−축−축−축, 촉−촉−촉−촉, 척−척−척−척, 착−착−착−착, 책−책−책−책, 첵−첵−첵−첵, 칙−칙−칙−칙, 측−측−측−측……

[떠다니는 배]

- 〈상상하기〉 큰 배가 바다에 떠다니고 있다. 그 배는 멀리에 있더

니 어느새, 자신의 곁을 지나간다. 그리고는 어느새 반대편으로 흘러가고 있다. 배가 바다에 떠다니는 모습을 소리의 모양, 크기, 힘, 방향에 비례시킨다. 흠~, [m~], [n~]……

- 〈기본자세〉 개인, 그룹에서 소리를 멀리 보내도록 한다. 손을 함께 사용하면서, 소리가 가까이 다가오는 것과 멀어져 가는 것을 훈련하도록 한다. 소리의 방향과 흐름을 이해할 수 있다.
✓ 우~오~어~아~애~에~이~으~

- 〈기본자세〉 그룹에서 원 형태를 취하자. 멀리 마주보고 서 있는 사람에게 소리를 보내도록 한다. 1) 소리를 **동시에** 파트너에게 보낸다. 2) 소리를 파트너에 **보내고**, 파트너가 받은 소리를 다시 **되돌려** 보낸다. 3) 자신의 **옆 사람에게** 소리를 보내고, 받은 사람은 다시 자기의 **옆 사람에게** 보낸다.
✓ 우~오~어~아~애~에~이~으~

; 상대방을 바라보며 배가 흘러가는 모습을 소리의 흐름을 입혀 전달하도록 한다. **소리의 마지막 어미를 내리지 않도록 주의한다.**

1. **느린 템포**로 하되, 소리 에너지와 호흡, 발음에 주의한다.
2. **빠른 템포**로 하되, 소리 에너지와 호흡, 발음에 주의한다.

[작은 파도]

- 〈상상하기〉 무릎을 꿇고, 엎드린다. 가슴과 얼굴이 바닥을 향하도록 한다. 두 손은 몸 옆에 놓는다. '나는 작은 파도다'라고 생각한다. 파도의 움직임을 몸으로 표현하면서 소리를 낸다. 파도의 움직임처럼 소리가 움직이도록 한다. 소리를 이어서 낸다.
- ✓ 우-오-어-아-애-에-이-으
  무-모-머-마-매-메-미-므
  누-노-너-나-내-네-니-느
  루-러-러-라-래-레-리-르

[비행기]

- 복부를 바닥에 닿게 하여 눕는다. 손을 골반 옆에 놓는다. 손바닥은 위로 향하게 한다. 소리를 내면서 비행기 자세를 취한다. 복부만 바닥에 닿고, 다른 곳의 신체는 활처럼 휘면서 소리를 내어 보자. 하늘을 나는 듯하게, 활처럼 몸을 휜다. 얼굴은 정면

을 향하여 있다. 팔과 다리도 위로 들려 있다. 몸의 균형과 중심이 복부에 있기 때문에 복부근육을 강화시킨다. 목과 어깨 근육을 긴장시키지 않고, 발음기관을 정확하게 사용하여 소리를 낸다.

✓ ㄱ, ㄴ, ㄷ, ㄹ, ㅁ, ㅂ, ㅅ, ㅇ, ㅈ, ㅊ, ㅋ, ㅌ, ㅍ, ㅎ + 단모음길

[다리올리기]

- 〈누운 자세〉 바닥에 등을 대고 누워 있다. 복부근육을 사용하여 두 다리를 곧게 90°로 올리면서 소리를 낸다. 목과 어깨는 긴장시키지 않도록 한다.

✓ 우-오-어-아-애-에-이-으
  무-모-머-마-매-메-미-므
  누-노-너-나-내-네-니-느
  루-러-러-라-래-레-리-르

; 유성자음이 많이 사용되는 단어들로 구성된 문장 또는 속담을 사용하여 훈련한다.

[자전거]

- 바닥에 등을 대고 누워 있다. 다리만 90°로 올려, 자전거의 페달을 돌리듯 한 발씩 번갈아 가며 가상의 페달을 밟는다. 발의 뒤꿈치에 힘을 주어 다리를 공중에서 밀도록 한다. 페달을 밀듯, 소리를 밀어서 낸다.

✓ ㄱ, ㄴ, ㄷ, ㄹ, ㅁ, ㅂ, ㅅ, ㅇ, ㅈ, ㅊ, ㅋ, ㅌ, ㅍ, ㅎ + 단모음길

- 누워 있는 상태에서 다리와 엉덩이를 90°로 올린다. 두 손으로 허리를 받친다. 위와 동일하게 소리를 내면서 훈련한다.

단어의 끝음절을 반복시켜 훈련에 적용해 보자.

✓ 겨울 소리－리－리－리, 꽃잎 소리－리－리－리, 바람 소리－리－리－리, 세상 소리－리－리－리, 발자국 소리－리－리－리,

✓ 이름이 아물아물 난이－이－이－이, 숙이－이－이－이, 섭이－이－이－이, 용이－이－이－이, 영이－이－이－이

✓ 풀 것 없고－고－고－고, 뺄 것 없고－고－고－고, 뺏을 것 없고－고－고－고, 뗄 것 없고－고－고－고.

[발끝 총총 옮기기]

- 바닥에 등을 대고 누워 있다. 이 자세에서 다리를 곧게 뻗어 위로 올린다. 곧게 뻗은 발끝은 머리를 지나 바닥에 닿도록 자세를 취한다. 머리를 지나서 바닥에 발끝이 닿기 위해서는, 핸드폰

의 폴더처럼 허리가 휘어져야 한다. 곧게 뻗은 다리의 발끝으로, 자신의 오른쪽에서 왼쪽 끝까지, 왼쪽에서 오른쪽 끝까지 총총 걸음으로 움직이며 소리를 낸다. 상체가 한 쪽으로 쏠리지 않도록 무게 중심을 잘 잡도록 한다. 자세도 불편하고 소리 내는 것도 불편하지만, 신체의 중심을 잘 유지하도록 한다. 목과 어깨가 경직되지 않도록 한다. 어려운 자세를 통한 소리훈련은 호흡과 소리를 스스로 조절하는 능력을 키우게 한다.

✓ ㄱ, ㄴ, ㄷ, ㄹ, ㅁ, ㅂ, ㅅ, ㅇ, ㅈ, ㅊ, ㅋ, ㅌ, ㅍ, ㅎ + 단모음길

[다리(bridge)]

1. 바닥에 등을 대고 누워 있다. 손바닥은 얼굴 옆의 바닥에 댄다. 발바닥은 무릎을 굽혀 바닥에 힘을 주어 고정시킨다. 허리를 점점 활처럼 휘어, 다리(bridge) 동작을 만든다. 동작이 완성되면 소리훈련을 하도록 한다.

2. 〈기본자세〉 두 팔을 위로 뻗는다. 뻗은 팔과 상체는 바닥으로 향한다. 활처럼 둥글게 만든다. 손바닥은 바닥에 고정시킨다. 사람의 몸으로 둥근 다리(bridge)를 만들어 소리를 낸다.

✓ ㄱ, ㄴ, ㄷ, ㄹ, ㅁ, ㅂ, ㅅ, ㅇ, ㅈ, ㅊ, ㅋ, ㅌ, ㅍ, ㅎ + 소릿길

[고양이 등]

• 고양이자세를 취한다. 두 손바닥을 바닥에 대고, 무릎을 꿇고, 등을 펴고, 팔을 쭉 뻗는다. 목에 긴장을 풀고, 고개는 아래로 향한다. 소리를 내면서 화가 난 고양이처럼 등을 둥글게 구부린다. 배꼽을 위의 방향으로 잡아당기듯 척추를 둥글게 휜다. 척추가 둥글게 만들면서 복부를 긴장시켜 소리를 낸다. 복부근육을 제외한 곳은 긴장되지 않도록 한다. 잡아당기듯 소리를 내도록

한다.

✓ ㄱ, ㄴ, ㄷ, ㄹ, ㅁ, ㅂ, ㅅ, ㅇ, ㅈ, ㅊ, ㅋ, ㅌ, ㅍ, ㅎ + 소릿길

[파트너 업기]

- 파트너와 팔을 끼고 **등을 맞댄다.** 한 사람이 허리를 굽혀서 등에 맞댄 상대를 업는다. 업힌 사람은 위로 향하여 있다.

1. 업은 사람은 몸을 좌우로 가볍게 흔들어 업힌 상대의 긴장을 풀어준다. 업힌 사람의 신체는 완전한 이완상태이다. 업은 사람과 업힌 사람의 등이 평평해지도록 한다. 등을 구부리지 않도록 한다.

2. 업은 사람은 몸에 작은 반동을 주도록 한다.

3. 업은 사람은 무릎은 크게 굽혔다가 펴면서 소리를 낸다. 무릎을 굽히면서 들숨을, 무릎을 펴면서 소리를 내도록 한다. 무게 중심을 잘 잡고, 목과 어깨에는 긴장이 두지 않도록 한다.

4. 업은 사람과 업힌 사람을 바꾸어 소리를 내어 보자.

✓ ㄱ, ㄴ, ㄷ, ㄹ, ㅁ, ㅂ, ㅅ, ㅇ, ㅈ, ㅊ, ㅋ, ㅌ, ㅍ, ㅎ + 소릿길

[팔 잡고 허리 굽히기; 체조 동작]

• 파트너와 함께 서로 **마주보고 선다**. 양팔을 파트너의 어깨에 올려 놓거나, 파트너의 양팔에 자신의 양팔을 올려놓는다. 함께 허리를 굽혀 90°가 되도록 한다. 소리와 함께 **아래 방향**→ **오른쪽 방향**→ **아래 방향**→ **왼쪽 방향**→ **아래 방향**을 반복한다. 신체를 이완시키면서 소리를 훈련을 하도록 한다.

✓ ㄱ, ㄴ, ㄷ, ㄹ, ㅁ, ㅂ, ㅅ, ㅇ, ㅈ, ㅊ, ㅋ, ㅌ, ㅍ, ㅎ + 소릿길

[360° 상체돌리기]

• 파트너와 함께 1미터 거리를 두고 **뒤돌아 서 있다**. 동시에 상체만 돌려 파트너끼리 손바닥을 밀며 소리를 낸다. 상체를 반대 방향

으로 360° 돌려 다시 파트너의 손바닥을 밀며 소리를 낸다. 상체를 360°로 힘껏 돌려, 손바닥을 밀면서 소리를 내기 때문에 복근은 단련되고 소리에는 힘이 생기게 된다. **오른쪽 방향으로 360° 돌리기 → 왼쪽 방향으로 360° 돌리기** 반복한다.

✓ 불리다, 볼리다, 벌리다, 발리다, 밸리다, 벨리다, 빌리다, 블리다

[상체굽혀 걸어다니기]

• 기본자세로 서 있다. 이완 상태인 상체를 굽혀 아래로 향하게 한다. 목, 어깨, 머리, 팔 등의 상체에는 완전히 힘이 빠진 상태이다. 허리는 굽혀져 있다. 이 자세에서 무릎에 약한 반동을 주어, 천천히 움직여 걸어 다닌다. 반동과 함께 **허밍**을 낸다. 마음이 이끄는 대로 걸어 다닌다.

• 이 자세로 천천히 걷다가, 오른쪽 방향으로 상체를 360° 크게 원을 그리며 **허밍**을 낸다. 천천히 걷다가 왼쪽 방향으로 상체를 360° 크게 돌리며 **허밍**을 낸다.

[팔굽혀 펴기]

• 엎드린 자세에서 팔을 뻗는다. 뻗혀 있는 팔을 굽혔다 펴면서 소리를 낸다. 굽혀진 팔을 천천히 편다. 팔을 펴는 시간과 소리를 내는 시간이 동일해야 한다.

✓ ㄱ, ㄴ, ㄷ, ㄹ, ㅁ, ㅂ, ㅅ, ㅇ, ㅈ, ㅊ, ㅋ, ㅌ, ㅍ, ㅎ + 단모음길

• 파트너와 짝을 짓는다. 한 사람은 팔굽혀펴기 자세를 취한다. 파트너는 '팔굽혀펴기' 자세를 취한 사람의 발목을 잡고 서 있다. 팔을 뻗어 엎드린 자세를 취한 사람은, 몸의 무게 중심을 잘 잡으

며 소리를 낸다. 허리와 엉덩이에 힘이 빠지지 않도록 한다. 몸의 형태는 직선이다. 이 자세에서 소리를 낸다.

[옆돌기]

* 소리와 함께 아크로바틱의 **옆돌기** 동작을 한다.

; 옆돌기는 쉽지 않은 신체 동작 중의 하나이다. 훈련과 반복을 필요로 한다. 어려운 동작들은 신체균형조율능력과 호흡량을 증가시킨다. 이들은 소리에 영향을 미친다. 동작이 주는 방향성과 율동성은 **소리의 방향성과 율동성에 도움을 준다. 신체 동작의 단련은 신체적, 심리적 공포, 거부, 부담에서 자신감을 회복시킨다. 소리도 동일하다. 동작에 대한 이해가 이루어진 후에 소리와 함께 훈련하도록 한다.**

✓ ㄱ, ㄴ, ㄷ, ㄹ, ㅁ, ㅂ, ㅅ, ㅇ, ㅈ, ㅊ, ㅋ, ㅌ, ㅍ, ㅎ + 단모음길

✓ 우리들의 조국은 우리들의 조국,
우리들의 겨레는 우리들의 겨레

—박두진, 「3월 1일의 하늘」 중에서

[물구나무 서기]

- 개인으로 하거나, 파트너가 물구나무 서기 동작에서 발목을 잡아 균형을 도와주어도 좋다. 신체와 바닥이 수직이 되도록 한다. 무게 중심이 손과 어깨가 되도록 한다. 얼굴 방향은 바닥을, 시선은 손등을 향한다. 어깨가 무너지거나 몸이 앞으로 넘어가지 않도록 한다. 몸에 힘을 빼거나, 손을 움직이지 않도록 한다. 이 자세에서 소리를 낸다. 신체의 무게중심과 밸런스를 잘 유지하면서 소리를 낸다.

✓ ㄱ, ㄴ, ㄷ, ㄹ, ㅁ, ㅂ, ㅅ, ㅇ, ㅈ, ㅊ, ㅋ, ㅌ, ㅍ, ㅎ + 단모음길

✓ 어제도 가고 오늘도 갈
　나의 길 새로운 길

　나의 길은 언제나 새로운 길
　오늘도……. 내일도……

－윤동주, 「새로운 길」 중에서

[밀기 1]

- 파트너와 1미터 간격을 두고, 마주보고 선다. 각자 어깨넓이로 양발을 앞뒤로 벌린다. 무릎을 살짝 굽힌다. 상체를 앞으로 살짝 향하고, 파트너와 양 손바닥을 서로 닿게 한다. 손바닥을 번갈아 힘껏 밀면서 소리를 낸다. 손바닥을 밀어내듯 소리를 밀어서 낸다.

✓ ㄱ, ㄴ, ㄷ, ㄹ, ㅁ, ㅂ, ㅅ, ㅇ, ㅈ, ㅊ, ㅋ, ㅌ, ㅍ, ㅎ + 단모음길

[밀기 2; 밀어 넘어뜨리기]

- 밀어서 넘어뜨리는 놀이를 소리훈련에 활용한다. 파트너끼리 마주보고 일정한 거리를 두고 선다. 양 손바닥으로 동시에 밀면서 소리를 낸다. 재미 위주가 되지 않도록 한다. 자신의 소리에 집중하면서 상대방을 민다.

✓ ㄱ, ㄴ, ㄷ, ㄹ, ㅁ, ㅂ, ㅅ, ㅇ, ㅈ, ㅊ, ㅋ, ㅌ, ㅍ, ㅎ + 단모음길

11) 소리와 리듬

[소리; 약 → 강]

- 〈기본자세〉 양 손바닥을 마주보고 가슴 위치에 놓는다. 양 손바닥을 좌우로 천천히 벌리면서 작은 소리에서 큰 소리로 확장시킨다. 손의 간격이 벌어질수록 소리가 커지도록 한다. 양팔을 최대한 벌린 후, 다시 처음 자세로 돌아오면 소리도 작아진다. 단모음을 사용한다. 어깨와 목이 긴장되지 않도록 한다.

[소리; 저 → 고]

- 〈기본자세〉 두 발을 앞뒤로 어깨넓이만큼 벌린다. 상체에 힘을 빼고, 아래로 굽힌다. 두 팔도 아래로 향하여 있다. 양손을 아래에서부터 위의 방향(↑)으로 선을 만들어 올리듯 소리를 낸다. 마지막 순간에는 하늘을 향해 손을 털어버리는 듯, 소리를 던진다. 반복한다.

✓ 그크꾸 – 그크꼬 – 그크꺼 – 그크까 – 그크깨 – 그크께 – 그크끼 – 그크끄~

✓ 어적게도 홍시 하나, 오늘에도 홍시 하나…… 후락 딱딱 휘이 휘이!

　　　　　　　　　　　　　　　　　　　　　　　－정지용, 「홍시」 중에서

[리듬]

- 〈기마자세〉 무릎에 반동을 주면서 아래의 그림과 같이 소리의 고저와 리듬을 만든다. 아래와 같이 저음에서 고음으로, 고음에서 저음으로 리듬과 템포를 만들어 훈련한다. 손을 사용하여

소리의 고저와 리듬을 훈련해도 좋다. 스타카토로 소리를 내도
좋다.

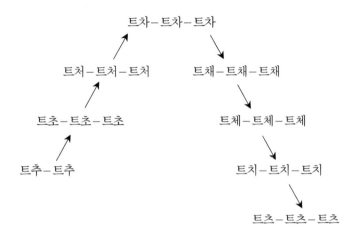

; 다양한 템포와 리듬을 훈련생들이 직접 만들어 훈련해도 좋다.

[빠르게 반복하기]

• 아래의 음절조합들을 빠르게 말한다. 아래턱과 입술을 빠르게
  사용한다. 발음기관을 정확히 사용한다. 정확한 소리인지 스스
  로 집중한다.

✓ ㅂㅂㅂㅂㅂㅂ뿌, ㅂㅂㅂㅂㅂㅂ뽀, ㅂㅂㅂㅂㅂㅂ뻐, ㅂㅂㅂㅂㅂ
  ㅂ뻐, ㅂㅂㅂㅂㅂㅂ뻬, ㅂㅂㅂㅂㅂㅂ뻬, ㅂㅂㅂㅂㅂㅂ삐, ㅂㅂ
  ㅂㅂㅂㅂ뿌

✓ ㅂㅂㅂㅂㅂㅂ푸, ㅂㅂㅂㅂㅂㅂ포, ㅂㅂㅂㅂㅂㅂ퍼, ㅂㅂㅂㅂㅂ
  ㅂ파, ㅂㅂㅂㅂㅂㅂ패, ㅂㅂㅂㅂㅂㅂ페, ㅂㅂㅂㅂㅂㅂ피, ㅂㅂ
  ㅂㅂㅂㅂ프

✓ 비비비비비비뿌, 비비비비비비뽀, 비비비비비비뻐, 비비비비비

비**빠**, 비비비비비비**빼**, 비비비비비비**뻬**, 비비비비비비**뻬**, 비비
비비비비비**쁘**

- ✓ 비비비비비비푸, 비비비비비비포, 비비비비비비퍼, 비비비비비
비**파**, 비비비비비비**패**, 비비비비비비**페**, 비비비비비비**피**, 비비
비비비비비**프**

- ✓ 부부부부부부**뿌**, 보보보보보보**뽀**, 버버버버버버**뻐**, 바바바바바
바**빠**, 배배배배배배**빼**, 베베베베베베**뻬**, 비비비비비비**삐**, 브브
브브브브**쁘**

- ✓ 부부부부부부푸, 보보보보보보포, 버버버버버버퍼, 바바바바바
바**파**, 배배배배배배**패**, 베베베베베베**페**, 비비비비비비**피**, 브브
브브브브**프**

12) 상상력을 이용한 훈련

우리 민족은 **놀이**를 즐기는 민족이다. **놀이**는 인간에게 즐거움과
재미를 준다. 놀이는 사람을 능동적이고 적극적이게 만든다. 교육법
에서 자주 사용되는 방식이 바로 놀이교육이다. 형식은 놀이이지만,
내용은 교육이다. 놀이를 통한 화술교육은 화술에서 습득되어야 할
기술들을 쉽게 훈련시킨다. 놀이훈련은 화술뿐 아니라 다양한 교육
에서도 사용되고 있다. 연극도 놀이에서 출발하지 않았는가?

배우화술 훈련은 크게 **비도구사용 훈련**과 **도구사용 훈련**으로 구분
지을 수 있다. 비도구사용 훈련에는 **상상력**과 **놀이**를 통한 훈련이 있
고, 도구사용 훈련에는 **공**, **막대기**, **줄넘기**(풍선, 손수건, **비행접시**……)
등의 훈련이 있다. 도구사용의 유무를 막론하고, **훈련의 의도와 목표
를 이해하면 결과는 상이하게 달라진다.** 집중과 열정으로 훈련에 임해

야 한다. 놀이를 통한 훈련은 형식은 놀이(play)이지만 뇌의 한 편에서는 기술(technic)습득이 되었는지 끊임없이 확인해야 한다. 이것이 훈련의 중요한 열쇠이다.

　놀이형식의 훈련은 **파트너와의 관계**가 중요한 조건으로 작용한다. 이를 인식하면서 훈련해야 한다. 놀이훈련은 청각과 상상력을 훈련시킨다. 감수성을 풍부하게 하며, 인지력을 증진시킨다. 또한 언어기관의 긴장을 제거하고 언어를 진취적으로 사용하게 하고 흥미롭게 적응시키는 효과가 있다. 놀이훈련의 행동과제는 어렵지 않은 것을 선택하도록 한다. 파트너와의 관계에서 자신의 정당성과 확실성이 설득력 있게 드러나도록 한다.

　다양한 스포츠를 소재로 **상상력**을 이용하여 **놀이**형식의 훈련을 하도록 한다. 모든 스포츠는 신체의 균형과 힘의 배분을 필요로 한다. 유연성과 근력이 사용된다. 호흡량을 증가시킨다. 스스로를 컨트롤하게 한다. 배우는 운동선수와 같이 자신을 단련하는 것이 필요하다. 상상력과 함께 훈련하여 보자.

[가상의 축구놀이]

<개인으로>

- 〈상상하기〉 훈련생들은 이미 축구선수이다. 프로로 활약하고 있는 축구선수이다. **가상의 축구공**을 가지고, 자유롭고 다양하게 공을 다루어 보자. 단, 조건은 상상의 공을 땅에 떨어뜨리지 않는 것이다. 오른발, 왼발, 이마, 무릎, 가슴 등에 축구공을 맞추어 공중에 띄우도록 하자. 상상의 공이 신체에 맞을 때에 소리를 낸다. 축구공의 비행하는 방향, 길이, 속도 등에 소리에 비례시키자.
- ✓ 우 - 오 - 어 - 아 - 애 - 에 - 이 - 으
  무 - 모 - 머 - 마 - 매 - 메 - 미 - 므
  누 - 노 - 너 - 나 - 내 - 네 - 니 - 느
  루 - 러 - 러 - 라 - 래 - 레 - 리 - 르

<파트너와 함께>

- 파트너와 마주보고 선다. 가상의 축구공을 발, 무릎, 가슴에 부딪히며 소리(예; 무 - 모 - 머 - 마 - 매 - 메 - 미 - 므)를 낸다. 가상의 축구공을 파트너에게 넘겨준다. 끝음절(므)을 길게 소리 내어 가상의 공이 날아가도록 한다. 가상의 공이 날아가는 방향과 소리의 방향이 같도록 한다. 상대에게서 날아온 가상의 축구공을 연결 받아 소리(무 - 모 - 머 - 마 - 매 - 메 - 미 - 므)를 낸다. 공을 받은 사람은 다시 마지막 음절에 가상의 축구공을 파트너에게 넘겨준다. 파트너와 교류하면서 훈련을 하자.

<그룹에서>

- 원형으로 선다.
1. 위와 동일한 방식이다. 자신의 옆 사람에게 가상의 축구공을 전달한다. 공을 받은 사람은 다시 옆 사람에게 전달한다.
2. 동일한 방식이다. 그룹에서 옆 사람이 아닌 누구에게나 가상의 공을 전달할 수 있다. 공을 전달하고 싶은 대상에게 손이나 말이 아닌, 몸의 방향과 눈으로 가늠케 한다. 모든 훈련생들이 가상의 축구공을 전달받을 수 있도록 하자.

[가상의 탁구놀이]

- 파트너와 거리를 두고 마주보고 선다. 가상의 탁구놀이를 한다. 가상의 탁구채와 가상의 탁구공을 가지고 신체를 부드럽고 빠르게 움직이면서 소리훈련을 한다. 짧고 빠른 탁구공의 움직임에 소리를 비례시켜 가볍고 속도감 있는 소리를 내도록 한다. 1음절에서 시작하여 음절을 점점 늘린다. 가볍게 움직이며 소리를 낸다.

✓ **1음절**단어 주고받기
✓ **2음절**단어 주고받기(끝음절에 가상의 탁구공을 치는 동작을 한다)
✓ **3음절**단어 주고받기(끝음절에 가상의 탁구공을 치는 동작을 한다)
✓ **4음절**단어 주고받기(끝음절에 가상의 탁구공을 치는 동작을 한다)
✓ **끝말잇기**(끝음절에 가상의 탁구공을 치는 동작을 한다)
✓ **단문말하기** 1) 주어 + 동사, 2) 형용사 + 명사, 3) 부사 + 동사 (끝음절에 가상의 탁구공을 치는 동작을 한다)

[가상의 농구놀이]

<개인으로>

- <상상하기> 가상의 농구놀이를 한다. 신체를 자유롭고 활동적이게 움직이면서 **가상의 배구공**을 다루어 보자. 신체에 바운스를 준다. 가상의 농구공을 바닥으로 튕기면서 소리를 낸다. 농구규칙을 지키면서 소리를 훈련한다. 가상의 농구공을 튕기면서 소리를 내고 던질 때에 소리를 낸다. 배구공의 방향, 길이, 속도, 세기 등을 소리에 비례시켜 훈련한다.

✓ 구 구 구 - 구
　누 누 누 - 누
　두 두 두 - 두
　루 루 루 - 루……

<2인 1조, 4인 1조>

- 2인 1조, 4인 1조, 6인 1조로 소그룹을 나눈다. 각 소그룹은 팀을 나누어, 가상의 농구놀이를 소리와 함께 훈련한다. 배구경기에 임하되 소리훈련에 집중한다.

[가상의 배구놀이]

- 소그룹으로 팀을 나눈다. 가상의 농구놀이 형식과 같다. 2인 1조, 4인 1조의 소그룹으로 나누어 가상의 배구놀이로 소리훈련을 한다. 소리에 집중한다.

[가상의 꿀벌(Bee)]

- <상상하기> 갑자기 꿀벌소리[z~]가 들리기 시작한다. **훈련생은 꿀벌소리[z~]를 지속으로 낸다.** 가상의 꿀벌은 어느 순간 자신의

주변을 마구잡이로 날아다니고 있다. 가상의 꿀벌이 침을 쏘려고 공격하면 피하기도 한다. 때때로 꿀벌을 잡기도 한다. 꿀벌은 갑자기 사라졌다가 다시 나타나기도 한다. 어느 순간, 꿀벌이 옆 사람에게 날아가 버린다. 그리고는 다시 옆 사람에게 날아간다. 꿀벌소리[z]를 통해 소리의 강약, 템포, 리듬 등을 훈련하도록 하자. 꿀벌소리[z]는 신체이완과 호흡훈련에 좋은 소재이다. 또한, 다양하고 재미있는 상황이 발생할 수 있다. 꿀벌소리[z~]를 통해 소리의 크고 작음, 빠름과 느림, 높음과 낮음, 강함과 약함 등을 훈련하자.

✓ [z~]

[권투놀이]

<개인으로>

• 주먹을 쥔 양손을 가슴 높이에 올려 권투자세를 취한다. 가볍게 스텝을 밟는다. 발을 움직여, 피하고 때리는 동작을 반복하며 스텝을 밟는다. 주먹을 가볍게 쥐고 왼손, 오른손 번갈아 잽을 뻗으면서 소리를 낸다. 단음(예; 구.구.구)과 장음(예; 구~)을 적절히 사용하도록 한다. 호흡과 신체와 소리를 권투 동작과 더불어

적극적으로 훈련한다.

✓ ㄱ, ㄴ, ㄷ, ㄹ, ㅁ, ㅂ, ㅅ, ㅇ, ㅈ, ㅊ, ㅋ, ㅌ, ㅍ, ㅎ + 단모음길

<파트너와 함께>

- 스파링 상대에게 권투하듯 소리를 훈련한다. 권투시합은 위험할 수 있다. 스파링훈련용으로 파트너와 소리훈련을 한다. 파트너와 역할을 바꾸어 훈련한다. 장음과 단음을 적절히 배합하여 훈련한다. 스텝을 밟고 잽 동작을 하며 소리를 내는 것은 긴장이완, 호흡향상, 공명확장에 큰 도움을 준다.

[가상의 거울놀이]

- 파트너와 함께 마주보고 선다. 사람과 가상의 거울(파트너)을 정한다. 사람은 가상의 거울에게 소리를 정하여 알려준다. 가상의 거울은 사람과 마주서서 소리와 동작을 동시에 따라한다. 서로에게 훈련이 되도록 움직이며 소리를 낸다. 훈련이 목적임을 잊지 않도록 한다. 역할을 바꾸어 본다.

[가상의 화살]

<파트너와 함께>

- 파트너와 1미터 간격을 두고 마주보고 선다. 양발을 앞뒤로 벌리고 기마자세로 서 있다. 가상의 화살이 날아가는 모습처럼, 빠르게 박수를 스쳐 치면서 한 손을 파트너 방향으로 곧게 뻗어 향하게 한다. 화살이 나가는 방향을 소리의 이미지에 이입시켜 훈련하자. 화살이 목표물(파트너)을 향해 날아가듯, 박수소리와 함께 한 팔을 파트너를 향해 앞으로 쭉 뻗는다. 다른 팔은 자신의 가슴 가까이에 있다. 손바닥을 스치며 박수를 치면서 팔을 뻗는

다. 소리 화살은 받은 사람이 다시 상대방에게 동일한 방법으로 되돌려 쏜다.

1. 부 – 보 – 버 – 바 – 배 – 베 – 비 – 브
2. 브두 – 브도 – 브더 – 브다 – 브대 – 브데 – 브디 – 브드
3. 브드구 – 브드고 – 브드거 – 브드가 – 브드개 – 브드게 – 브드기 – 브드그
4. 브드그주 – 브드그조 – 브드그저 – 브드그자 – 브드그재 – 브드그제 – 브드그지 – 브드그즈
5. 브드그즈수 – 브드그즈소 – 브드그즈서 – 브드그즈사 – 브드그즈새 – 브드그즈세 – 브드그즈시 – 브드그즈스

<그룹에서>

• 원 형태를 취한다. 위와 동일한 방법으로 훈련하되, 그룹에서 모든 훈련생들에게 가상의 화살이 돌아가도록 훈련한다. 점점 속도를 높이면서 훈련한다.

[리듬 따라하기]

• 파트너 또는 그룹으로 훈련한다. 1) 파트너와 마주보고 선다.

2) 그룹은 원 형태를 취한다. 소리와 신체를 리듬감 있게 사용하여 4박자를 표현하면, 파트너 또는 그룹이 동일하게 반복한다. 다음 사람이 자신의 4박자 리듬을 표현하면 다시 파트너 또는 그룹이 동일하게 반복한다.

[기차역]

- 파트너와 마주보고 서 있다. 기차역에서 배웅하는 중이다. 목소리를 높이지 않고 각자 당부의 말을 파트너에게 끊임없이 전하고 있다. 기차가 출발하여 역에서 멀어지듯, 서로의 거리가 멀어지고 있음에도 불구하고 끝까지 상대에게 당부의 말을 전한다. 전제 조건은 **목소리를 높이지 않는 것**이다. 둘의 사이가 점점 멀어지더라도 목소리를 높이지 않도록 한다. 멀어질수록 상대의 말소리에 더욱 집중한다.

[터치]

<긴 터치; 장음>

- 파트너와 함께 훈련한다. 한 사람이 눈을 감고 서 있다. 터치하는 사람은 터치받는 사람의 신체를 손으로 터치하면서 소리를 낸다. 소리를 길게 내면서 어깨, 등, 가슴, 팔, 복부, 허리, 다리 등을 터치한다. 터치하는 사람은 소리 방향과 터치 방향이 일치하도록 한다. 터치받는 사람은 터치의 방향과 세기에 따라 신체가 반응하도록 한다. 반응한 신체는 다시 처음 자세로 돌아간다.
- ✓ 장음; 우~, 오~, 어~, 아~, 애~, 에~, 이~, 으~

<짧은 터치; 단음>

- 위와 동일한 방식이나 터치 길이와 소리 길이가 짧다. 짧은 터치 만큼 신체가 반응하고 다시 처음 자세로 돌아온다. 터치의 방향, 힘, 길이를 소리에 대입시킨다.
- ✓ 단음; 우, 오, 어, 아, 애, 에, 이, 으

13) 도구를 이용한 화술훈련

테니스공, 줄넘기, 막대기 등의 도구를 이용하여 화술을 훈련한다. 소리는 움직인다. 소리는 비행한다. 눈에 보이지 않는 소리가 방향성을 지니고 있고, 비행하고 있다는 것을 이해하기는 쉽지 않다. 도구를 사용하여 훈련을 하면 소리에 대한 이해가 쉬워진다. 테니스공, 막대기, 줄넘기를 이용한 화술훈련은 긴장 이완과 소리에 대한 청력, 집중력, 정밀성, 정확성, 기능성을 향상시켜 준다. 그리고 심리적인 긴장도 해소시킨다. 도구를 이용하는 화술훈련(이하, 도구훈련이라 칭한다)은 훈련 초기에 적합하며 훈련에 큰 도움을 준다. 또한 스스로 학습하기에도 유용하다. 도구훈련은 소리의 비유적인 이미지훈련에 도움을 준다. 신체 전부를 오픈하게 하고, 상상력을 발전시킨다. 배우를 밝게 만들고, 전달력과 표현력을 풍부하게 한다. 도구훈련은 파트너와 자신과의 발음을 지속적으로 모니터링 할 수 있게 한다. 도구훈련은 음향적 청력을 집중적으로 향상시킨다. 도구훈련은 올바르지 못한 발성과 부정확한 발음, 비슷하게 들리지만 다른 발음, 실수를 반복하는 화술의 문제점들을 개선시킨다.

13-1) 테니스공

테니스공을 이용하여 훈련한다. 화술의 기본을 다지는 초기 훈련에 테니스공을 사용하면 효과적이다. 공이 지니고 있는 운동성, 방향성, 비행성에 소리를 대입시키는 훈련이다. 또한 테니스공 훈련은 이미 그 자체만으로도 배우에게 공을 다루는 기술을 길러준다.

공이 날아가는 방향과 **소리의 방향**이 일치하도록 하자. **공의 속도와 소리의 속도**가 일치하도록 하자. **공의 날아가는 길이와 소리의 길이**가 일치하도록 하자. 공과 소리의 이미지를 비례시켜 훈련하도록 하자. 공의 움직임을 통해 소리를 이미지화하도록 하자. 소리가 현실적으로 다가올 것이다. '공'을 통해 소리를 이해하게 될 것이다. 테니스공으로 개인, 파트너, 그룹을 훈련시키자.

테니스공을 사용하여 소리의 **빠름**과 느림, 소리의 **끊기**와 잇기, 소리의 크고 작음, 소리의 **방향, 힘, 움직임** 등을 훈련하자.

[공을 위로 길게 던지며, 길게 소리내기; 장음]

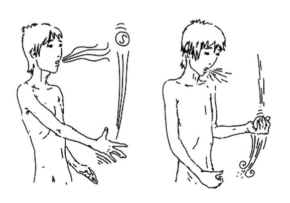

- 〈기마자세〉 이완된 신체에 반동을 주기 시작한다. 오른손에 공이 있다. 오른손으로 큰 원을 그리며, 공을 위로 길게 던진 후에 왼손으로 받는다. 어깨관절까지 크게 돌린다. 공을 던지면서 소리를 낸다. 왼손으로 받은 공은 다시 큰 원을 그리며 위로 길게 던지고, 내려오는 공은 다시 오른손으로 받는다. 지속적으로 리듬 있게 반복하며 소리를 낸다. 공이 위로 길게 올라가는 길이와 소리를 내는 길이가 동일해야 한다. 공이 날아가듯 소리가 날아가야 한다. 공의 속도가 소리의 속도가 되고, 공이 길이가 소리의 길이가 되고, 공의 방향이 소리의 방향이 되고, 공의 속도가 소리의 속도가 되도록 한다. 날아가는 공처럼 소리도 **비.행**. 할 것이다.

〈장음〉

✓ 우~, 오~, 어~, 아~, 애~, 에~, 이~, 으~

　무~, 모~, 머~, 마~, 매~, 메~, 미~, 므~

　누~, 노~, 너~, 나~, 내~, 네~, 니~, 느~

　루~, 러~, 러~, 라~, 래~, 레~, 리~, 르~

; 던지는 공의 길이만큼 소리를 **길.게**. 내자. 복식호흡 에너지를 소리 에너지로 만들자. 지속적으로 신체에 반동을 주어, 긴장들을 완화시키자. 소리가 나가는 통로가 긴장되지 않도록 한다. 목과 어깨의 이완 상태를 수시로 확인하면서 공과 함께 훈련한다. 공을 자유자재로 사용하는 기술도 연마한다.

[공을 아래로 짧게 던지며, 짧게 소리내기; 단음]

- 〈기마자세〉 오른손에 들고 있던 공을 아래 방향으로 떨어뜨린

후, 왼손으로 재빨리 공을 잡으며 소리를 낸다. 신체에 리듬 있게
반동을 준다. 다시, 왼손으로 잡은 공을 살짝 위로 올려 떨어뜨리
고 오른손으로 재빨리 잡으며 소리를 낸다. 손을 번갈아 사용하
며 속도 있게 공을 잡는다. 소리는 단모음으로 낸다. 공은 아래
방향으로 짧고 빠르게 움직인다. 소리도 아래 방향으로 **짧.고.**
빠.르.게. 내도록 한다. 공의 힘과 속도, 방향, 길이를 소리에 비
유하여 훈련하자.

<단음>

✓ 우. 오. 어. 아. 애. 에. 이. 으.
　무. 모. 머. 마. 매. 메. 미. 므.
　누. 노. 너. 나. 내. 네. 니. 느.
　루. 러. 러. 라. 래. 레. 리. 르.

[첫음절, 끝음절에 짧게 공잡기; 자음순서대로]

* 공을 첫음절과 끝음절에 아래 방향으로 짧게 잡으면서 소리 낸
다. [ㄱ] 자음으로 시작되는 단어를 속도감 있게 말해 보자. 정확
하고, 울림 있는 소리로 말하자.

예)

ㄱ - <mark>가로숫길</mark>, <mark>가랑비</mark>, <mark>가격</mark>, <mark>가능성</mark>, <mark>가락국수</mark>······

ㄴ - 누나, 누룽지, 누가복음, 누더기, 누린내······

ㄷ - 대장경, 대관령, 대사, 대의······

ㄹ - 로마, 로봇, 로맨틱, 로빈-훗······

ㅁ - 매도, 매듭, 매매, 매점······

ㅂ - 부관, 부귀, 부당, 부동······

ㅅ - 세관, 세금, 세습, 세계······

ㅇ - 우렁이, 우라늄, 우산, 우수······

ㅈ - 저고리, 저녁, 저작권, 저택······

ㅊ - 치과, 치매, 치약, 치료······

ㅋ - 크랭크, 크라운, 크로스, 크록스······

ㅍ - 포괄, 포도, 포대, 포스터······

ㅎ - 해고, 해녀, 해병, 해외······

[끝음절에 던지기]

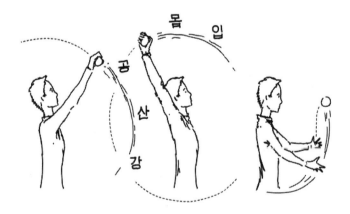

- 공을 가볍게 잡는다. 공을 쥔 손을 어깨까지 크게 돌리기 시작하면서 소리를 낸다. 단어의 끝음절에 공을 위의 방향으로 던진다. '하나'를 들어, 크게 원을 그리기 시작하면서 '하'를 말하고, 공을 던질 때에 '나'를 말한다. '기러기'에서는 큰 원을 그리면서 '기~러~'를 말하고, 공을 던지면서 '기'를 말한다. 고사성어 '외유내강'에서는 큰 원을 그리며 '외~유~내~'를 말하고, 공을 던지면서 '강'을 말한다. '바람이 분다'에서는 큰원을 그리며 '바~람~이~분~'을 말하고, 공을 던지면서 '다'를 소리 낸다.

- ✓ **1음절**; 예) 강, 산, 공, 입, 몸… 정확한 입술 모양으로 모음을 발음하고, 분명한 자음으로 단어를 말한다. 모음 공명을 확장시키고 에너지가 느껴지도록 소리 낸다.
- ✓ **2음절**; 예) 하나, 나무, 무용, 용서, 서방….
- ✓ **3음절**; 예) 기러기, 기도줄, 줄넘기, 기분파….
- ✓ **4음절**; 예) 새옹지마, 경국지색, 죽마지우, 개과천선, 금란지교, 타산지석, 다다익선…. 고사성어를 사용해 보자.
- ✓ **끝말잇기**; 음절수를 늘려가며 훈련해 보자.
- ✓ **단문장**; 예) 현아가 간다, 바람이 분다, 배가 아프다, 산이 높다 등등.

- 파트너와 함께 거리를 두고 마주보고 선다. 한 사람에게만 공이 있다. 파트너에게 큰 원으로 길게 공을 던지며, '1음절' 단어를 말한다. 파트너를 향해 공과 소리를 정확하고 명확하게 던진다. 공의 방향, 속도, 길이, 힘을 소리에 비례시킨다. 정확한 발음과 풍성한 울림으로 전달한다. '1음절' 소리훈련이 목표에 근접했으면, '2음절', '3음절', '4음절', '단문장' 순서대로 음절을 늘려 훈련

한다. 공은 마지막 음절에 던지도록 한다.

- 속담의 끝음절에 공을 던지며 속담을 말하여 보자.

  예)

  ㄱ - 가는 말이 고와야 오는 말이 곱다……

  ㄴ - 남의 눈에 눈물 내면 제 눈에는 피눈물 난다……

  ㄷ - 드문드문 걸어도 황소걸음이다……

  ㅁ - 무쇠도 갈면 바늘 된다……

  ㅂ - 비온 뒤에 땅이 굳어진다……

  ㅅ - 사람 위에 사람 없고 사람 밑에 사람 없다……

  ㅇ - 아끼다가 개 좋은 일만 한다……

  ㅈ - 자라 보고 놀란 가슴 솥뚜껑 보고 놀란다……

  ㅊ - 책망은 몰래 하고 칭찬은 알게 하랬다……

  ㅋ - 콩 심은 데 콩 나고 팥 심은 데 팥 난다……

  ㅌ - 털어서 먼지 안 나는 사람 없다……

  ㅍ - 팔십 노인도 세 살 먹은 아이한테 배울 것이 있다……

  ㅎ - 호미로 막을 것을 가래로 막는다……

[함께 던지기]

- 파트너와 거리를 두고, 서로 마주보고 선다. 모두 공을 들고 있다. 동시에 파트너를 향하여 길게 공을 던지며 소리를 낸다. 파트너의 공을 받아서 다시 길게 던지며 소리를 낸다. 반복한다.

  ✓ ㄱ, ㄴ, ㄷ, ㄹ, ㅁ, ㅂ, ㅅ, ㅇ, ㅈ, ㅊ, ㅋ, ㅌ, ㅍ, ㅎ + 단모음길

- 각자의 공을 아래로 짧게 번갈아 잡으며 단음[구.구.구.구.]을 내고 장음[구~]을 내면서 파트너에게 공을 던진다. 날아오는 공

을 잡아, 각자 단음[고.고.고.고.]을 말하며 공을 짧게 반복적으로 잡고, 장음[고~]을 내면서 파트너에게 다시 공을 던진다. 다시 말해, 자신에게 짧게 4번, 파트너에게 길게 1번을 소리를 내며 던진다.

✓ 구.구.구.구. 구~
  고.고.고.고. 고~
  거.거.거.거. 거~
  가.가.가.가. 가~
  개.개.개.개. 개~
  게.게.게.게. 게~
  기.기.기.기. 기~
  그.그.그.그. 그~

[이어서 던지기]

• 파트너에게 장음[구~]으로 소리를 내며 던진다. 파트너에게서 받은 공을 다시 상대방에게 던지면서 장음[구~]을 반복하여 소리 낸다. 이 훈련은 상대방과 자신의 소리를 모니터링하고, 청각기

능을 향상시켜 주며, 발음을 지속적으로 개선시키고 발성을 확장시킨다.

- 그룹이 원으로 서 있다. 공을 들고 있는 한 사람이 [구-고-거-가-개-게-기-그] 소리와 함께 다른 사람에게 공을 던진다. 공을 받은 사람은 다른 사람에게 동일하게 말하면서 또 다른 사람에게 공을 던진다. 반복한다. '끝말잇기'를 해도 좋고, '이야기 연결하기'를 해도 좋다.

[자유롭게 던지며 소리내기]

- 테니스공을 자유자재로 던지고 받으면서 소리를 낸다. 공을 오른손으로 잡아 왼쪽 팔 너머로 던져 받으면서 소리를 내기도 하고, 손을 바꾸어 던지며 소리를 내기도 한다. 무릎을 들어 올린 발 사이로 공을 통과시키며 소리를 내기도 하며, 공을 자유롭게 위, 아래, 팔 아래, 다리 아래 등으로 던져 받으며 소리를 내기도 한다. 공의 방향, 길이, 속도, 에너지, 힘 등을 소리에 비례시켜 훈련하자. 적극적이고 창조적이고 상상력 있게 훈련하자.

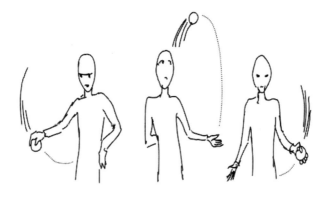

[리듬 있게 공잡기]

- 리듬 있게 공을 잡는다. 소리의 템포를 이용하여 훈련한다.
- ✓ 무, 무무, 무무무, 무무 무 무, 무 무……

; 실제 테니스공을 대신하여 '가상의 공'으로 동일하게 훈련할 수 있다. '가상의 공' 훈련은 배우의 상상력과 창의력도 함께 훈련시킨다.

13-2) 줄넘기

말을 할 때에 첫소리나 끝소리가 명확하게 나지 않는 대부분의 이유는 신경계통의 동력 밸런스가 맞지 않기 때문이다. 다시 말해, 소리가 날 때 필요한 공기 부족으로 생기는 현상이다. 이를 해결하기 위해서는 호흡 에너지를 적절히 분배하여 사용해야 한다. 또한 불확실한 자음, 모음, 비음이 해결되어야 한다. 배우가 지녀야 할 소리는 신체 안에 저장되어 있어야 한다.

줄넘기를 사용하여 훈련하자. 줄넘기와 달리기는 신체훈련의 가장 기본이다. 줄넘기는 전신운동으로, 몸의 균형을 길러주고 근육에 탄력을 주며 심폐기능을 강화시킨다. 어깨에 힘을 빼고, 시선은 정면을 향하고, 리드미컬하게 무릎의 탄력을 이용하여 줄넘기를 잡은 손목을 가볍게 돌리면서 소리훈련을 한다.

줄넘기는 모든 신체를 사용하며 폐활량에 도움을 주는 운동이다. 줄넘기는 빠르게 신체를 움직이게 한다. 빠른 움직임은 배우에게 생각할 시간을 주지 않는다. 빠른 움직임은 배우가 생각하고 반응하지 않게 하고, 신체가 먼저 반응할 수 있도록 훈련시킨다.

1. 개인으로 줄넘기 하면서 소리내기.
2. 2인 1조로 줄넘기 하면서 소리내기.
3. 소그룹 또는 전체로 줄넘기 하면서 소리내기.

소리와 함께 하는 줄넘기훈련은 소리를 역동적인 음역을 발전시킨다. 소리훈련은 2가지로 할 수 있다. 한 번은 큰 소리로, 다른 한 번은 작은 소리로 할 수 있다. 그러나 작은 소리에서 음을 낮추거나, 에너지를 낮추어서는 안 된다. 소리의 크기만 작아져야 한다.

13-3) 막대기

막대기를 소리훈련에 사용하도록 한다. 1미터 길이의 막대기를 자유자재로 움직이며 소리를 훈련한다.
1. 막대기를 한 손으로 잡고 돌리면서 소리를 낸다.
2. 막대기를 양손으로 번갈아 돌려 잡으면서 소리를 낸다.
3. 막대기를 위로 던졌다가 잡으면서 소리를 낸다.

4. 그룹에서; 원 형태로 서서, 옆 사람에게 던져 전달하면서 소리를 낸다.

한 번은 크게, 한 번은 작게 소리를 낸다. 음이 떨어지거나 작게 소리내기 전에 미리 작아져 있으면 안 된다.

14) 발음훈련

기본적으로 배우화술은 **예술적인 문학작품에 관한 작업**(oral interpretation)과 **기술적인 음성훈련**, 이 두 가지가 함께 병합되어 훈련되어야 한다. 발음에 관한 음성훈련이 이루어지지 않으면 문학작품을 표현하는 데에 장애가 생긴다. 발음훈련을 할 때에는 1) '호흡량을 적절히 조절하는 것'과 2) '소리와 템포를 일정하게 유지하는 것'이 중요하다. 텍스트를 동일한 에너지로 일정하게 첫음절부터 끝음절까지 소리 내어야 한다. 호흡을 조절하는 능력이 떨어지게 되면, 소리의 처음과 끝이 달라진다. 그러면 부족한 호흡을 대신하기 위해서 어깨와 목을 경직되고 소리는 소멸하게 된다.

아래의 조건은 발음기관에서 변별소리를 내기 위해 발음기관의 긴장이 발생되는 경우이다.

1) 조음 위치가 비슷한 자음이 음절의 첫소리로 연달아 나오는 경우
2) 음성모음과 양성모음이 연달아 나오는 경우
3) 성격이 비슷한 받침소리가 계속 뒤바뀌어 이어지는 경우

이러한 조건이 성립되면 발음에 어려움을 느끼게 된다. 속담이나 격언 등에서 텍스트를 선택하여도 좋고, 훈련생들이 직접 문장을 고안하여도 좋다.

동일 자음이나 유사 자음이 반복되도록 만들어 보자. 1) ① **마찰음**, ② **파열음**, ③ **파찰음**, ④ **비음들 중에 몇몇 특정 자음들이 반복되는 단어들로 이루어진 문장**, 2) ① **예사소리**, ② **된소리**, ③ **거센소리들 중에 몇몇 특정 자음들이 반복되는 단어들로 이루어진 문장**, 3) ① **양순음**, ② **치경음**, ③ **경구개음**, ④ **연구개음들 중에서 몇몇 특정 자음들이 반복되는 단어들로 이루어진 문장들**을 만들어 보자.

짧은 텍스트나 길지 않은 문장을 사용하여, 1) **정확히 말하기**, 2) **빨리 말하기**를 훈련하자.

[호두열매]

배우의 언어를 때때로 호두열매에 비교하여 설명할 때가 있다. 우리는 밥이나 국 같은 부드러운 음식을 먹을 때보다, 호두 같은 견과류를 먹을 때에 더 꼭꼭 씹고 잘게 부수어 섭취한다. 배우의 언어는 마치 호두열매처럼 명확하게 정확하게 씹어서 말하는 것처럼 들려야 한다. 잘게 부수어진 호두처럼 소리가 들리도록 훈련하자.

아래의 문장이 정확히 들리도록 발음훈련을 하자.

1. 앞집 팥죽은 붉은 풋팥죽이고, 뒷집 팥죽은 하얀 풋팥죽이다.
2. 저기 저 깡통은 텅 빈 깐 깡통일까요, 속 안빈 안 깐 깡통일까요?
3. 간장공장 공장장은 박공장장이고, 된장공장 공장장은 손공장장이다.
4. 들고 있는 팥콩깍지는 속 꽉찬 콩깍지인가, 속 안찬 팥콩깍지인가?
5. 저분이 박 법학박사의 친구 방 법학박사이고, 이분은 황 법학박사의 사돈 곽 법학박사이다.
6. 앞집 팥죽은 붉은 팥 풋팥죽이고, 뒷집 콩죽은 햇콩 단콩 콩죽이고, 우리 집 깨죽은 검은깨 깨죽인데 사람들은 팥죽 콩죽 깨죽 죽먹기를 워낙 싫어하더라.
7. 중앙청 철창살 쌍창살, 철도청 쇠창살 겹창살.
8. 말 맬 말뚝을 골라 목장의 말 맬 말뚝으로 쓰고, 말 못맬 말뚝을 골라 부엌의 땔감으로 씁니다.
9. 작년에 온 솥 장수는 새 솥 솥 장수이고, 오늘 온 솥 장수는 헌 솥 솥 장수이다.
10. 서울특별시 특허허가과 허가과장 허과장.

11. 백합백화점 옆에 백화백화점이 있고, 백화백화점 옆에 백합백화점이 있다.

12. 우리 집 옆에 간장공장이 있고 간장공장 옆에 된장공장이 있고, 된장공장 옆에 고추장공장이 있고, 간장공장, 된장공장, 고추장 공장에는 공장장이 있다.

13. 저기 저 뜀틀이 내가 뛸 뜀틀인가 내가 안 뛸 뜀틀인가?

14. 귀돌이네 담 밑에서 귀뚜라미가 귀뚤뚤뚤 귀뚤뚤뚤, 똘똘이네 담 밑에서 귀뚜라미가 똘돌돌돌 똘똘돌돌.

15. 저기 저 땅콩은 푸른 볶은 땅콩이고, 여기 이 깻묵은 검게 태운 깻묵입니다.

16. 칠월 칠일은 평창 친구 친정 칠순 잔칫날.

17. 대우 로얄 뉴로얄, 철수 책상 철책상.

텍스트를 훈련할 때에 아래 사항에 주의하도록 하자.

1. 느린 템포로 시작한다.

2. 문장의 마지막 부분에서 소리의 톤과 호흡을 떨어뜨리지 않도록 한다. 마디나 구절, 또는 문장의 끝부분에 마치 마침표를 찍듯 감정, 호흡, 소리, 내용 전달, 에너지가 소멸되지 않도록 한다.

3. 문장 안의 모든 단어마다 강세를 주지 않도록 한다. 문장 안의 단어 하나하나를 훈련하지 말고, 전반적인 억양과 문장을 총체적으로 훈련하도록 한다.

[이어 말하기]

1. 누구나 아는 동시 「꼬마야, 꼬마야」를 가지고 **이어 말하기** 훈련

을 하자. 주의할 것은, '꼬마야, 꼬마야'의 멜로디는 우리에게 익숙하기에, 무의식적으로 동요 멜로디의 리듬을 따라 할 수 있다. 멜로디를 따라 하지 말고, 일정한 톤으로 '이어 말하기' 훈련을 하자. '꼬마야~'부터 '~잘 가거라'까지 소리의 흐름이 끊기지 않도록 주의하자. 각 구절이 끝부분에 이야기가 끝나는 느낌이 들지 않아야 한다. 적은 분량의 텍스트를 사용하여, **하나의 선**(line), **하나의 호흡**, **하나의 의미**, **하나의 이야기**, **하나의 목적**이 되도록 텍스트를 전달하자.

2. 파트너와 함께 동시에 '이어 말하기'를 훈련하자. 또는, 파트너와 돌림노래처럼 연달아 '돌림 말하기'로 훈련할 수도 있다. 파트너가 첫 번째 구절을 말하고 두 번째 구절을 시작할 때에, 첫 구절을 말하기 시작해야 한다. 훈련생들은 '돌림 말하기'의 소리, 에너지, 목적이 흔들리지 말아야 한다. 소리의 힘과 방향이 파트너에게 끝까지 전달되어야 한다.

✓ 꼬마야 꼬마야 뒤를 돌아라
　꼬마야 꼬마야 한발을 들어라
　꼬마야 꼬마야 땅을 짚어라
　꼬마야 꼬마야 손벽을 쳐라
　꼬마야 꼬마야 만세를 불러라
　꼬마야 꼬마야 잘 가거라

동일한 방법으로 아래의 문장을 훈련하여 보자.

✓ 긴 줄 위에 그네뛰기
　채로 치는 팽이치기

하늘 위로 연날리기
발로 하는 제기차기

-동시 「재미있는 우리 놀이」 중에서

✓ 토마토는 통통통
양배추는 양양양

호박은 호호호
고추는 *꼬꼬꼬*

피망은 피피피
당근은 당당당

배추는 추추추
시금치는 치치치

-동시 「채소들의 노래」 중에서

✓ 빨강치마 배추김치
둥글둥글 총각김치
나박나박 깍두기
출렁출렁 물김치
길쭉길쭉 오이김치

-동시 「한국의 김치가족」 중에서

호흡을 깊이 하고 아래의 지시대로 텍스트를 말하여 보자.

- 손을 아래 갈비뼈 근육 위에 대고, 텍스트를 말한다.
- 중간 갈비뼈 근육 위에 손을 대고, 텍스트를 말한다.
- 배와 허리 근육에 손을 대고, 텍스트를 말한다.
- 손을 팔꿈치에 대고, 텍스트를 말한다.
- 손을 위로 들고, 텍스트를 말한다.
- 손과 어깨 긴장을 풀고, 텍스트를 말한다.

15) 시(詩)와 화술

시는 언어를 매개로 한 문학예술창작의 한 양식이다. 그렇다고 시에 쓰이는 언어가 일상어와 확연한 차이가 있는 것은 아니다. 일상에 쓰이는 언어가 시에 쓰이기도 하고, 시어가 일상에 쓰이기도 한다. 시언어는 말이 함축적이고 개인적이며 비약적이다. 시언어는 리듬, 어조, 이미지가 중요한 구실을 한다. 이들은 서로 유기적으로 의존한다. 시(詩)교육은 정도가 가장 높은 언어교육이다. 시교육은 모국어의 섬세함과 아름다움을 눈뜨게 한다. 시교육은 말의 느낌이나 함축, 운율, 어조에 대한 감각을 훈련시키고, 언어의 미묘한 의미적 기능들을 터득하게 한다. 우리는 시를 통해 인간심리와 삶의 진실에 대한 통찰력을 이해하고, 인간관계에서 일어나는 심리현상을 깨닫는다. 시는 상상력과 감수성을 훈련시킨다. 아리스토텔레스는 시학(詩學)에서 '시는 사실상의 진실보다도 의미심장한 시적 내지 문학적 진실을 제시하고, 시를 통해 감정을 정화, 즉 '카타르시스'를 얻게 한다'고 하였다.

발음훈련에 좋은 소재들을 '한국시'에서 찾아보자. '시'에서 소재를 선별하는 것은 매우 중요하다. 한국문학에서 좋은 소재(Material)를 발췌하자. 배우화술의 중요한 훈련요소 중의 하나가 한국어를 정확하고 풍부하게 표현하는 것이다. 발음훈련에 좋은 구절이나 문장들을 한국시에서 찾아보자. 한국 문학작품에는 한국인의 정서와 얼이 담겨 있으며 민족정신이 깃들여 있다. 한국 문학작품은 수준 있는 한국어로 되어 있다. 한국 문학작품은 배우의 내면세계를 튼튼하게 하고 언어 분석 능력을 향상시키며 한국인의 인물을 구체화시킨다.

✓ 향나무 꼭대기 가지 끝에 앉아 있는 작은 새가 바람에 막 흔들리는 가지와 함께 막 흔들리고 있다. 흔들리는 것도 두렵지 않고 떨어지는 것도 무섭지 않다. 날개가 있기 때문이다

―정현종, 「날개」

✓ 밤이도다.
봄이다.

밤만도 애달픈데
봄만도 생각인데

날은 빠르다.
봄은 간다.

―김억, 「봄은 간다」 중에서

✓ 술병, 물병, 바리, 사발,
향로, 향합, 필통, 연적,
화병, 장고, 술잔, 베개,
흙이면서 옥이더라.

구름 무늬, 물결 무늬,
구슬 무늬, 칠보 무늬,
꽃 무늬, 백학 무늬,
보상화문, 불타 무늬,
토공이요 화가더라.
진흙 속 조각가다.

—박종화, 「청자부」 중에서

✓ 싸리꽃 필 때 오동꽃 필 때
오슬오슬 살로 오는
살추위

싸리꽃 분홍에 얹혀
오동꽃 보라에 얹혀
살살살 살을 파는 살추위

—나태주, 「보리추위」 중에서

✓ 아지랑이 아롱아롱 푸른 벌판을
꽃보라 흩날리며 오는 꽃수레
실로폰에 플루트에 온갖 새소리
비리비리 종종종 비리비리종
지지배배 꾀꼴꼴 지리지리지
나비들도 너울너울 뒤따라온다.

예쁜 꽃들 방실방실 웃는 벌판을
흥겨운 목동들의 버들피리에

나물 캐던 아가씨 노래 부르네
니나니나 삘릴리 니나니나니
오아오아 삘릴리 오아오아오
수양버들 너울너울 종일 춤추네

－강소천, 「노래하는 봄」

✓ 여기는
아버지의 아버지의 아버지,
아버지의 아버지의 아버지,
또, 그 아버지의 아버지의 아버지 적부터,
돌도끼로 나무 찍던
그 옛날부터 살아 온,
하늘 맑고 물 맑은 동네.

여기는
아들의 아들 아들 아들,
아들의 아들 아들 아들,
또, 그 아들의 아들 아들 아들들이
살아야 할, 잘 살아야 할, 진짜
아들의 땅이니까요.

－양명문, 「어머니」 중에서[10]

✓ 해야 솟아라. 해야 솟아라. 말갛게 씻은 얼굴 고운해야 솟아

---

10 『양명문 시선집』, 현대문학, 2010.

라……

달밤이 싫어, 달밤이 싫어, 눈물 같은 골짜기에 달밤이 싫어,
아무도 없는 뜰에 달밤이 나는 싫어……
사슴을 따라, 사슴을 따라, 양지로 양지로 사슴을 따라, 사슴과
만나면 사슴과 놀고,
칡범을 따라, 칡범을 따라, 칡범을 만나면 칡범과 놀고……
해야, 고운 해야, 해야 솟아라………

-박두진, 「해」 중에서

✓ 산은
산대로 첩첩 쌓이고
물은
물대로 모여 가듯이

나무는 나무끼리
짐승은 짐승끼리
우리도 우리끼리
봄을 기다리며 살아가는 것이다.

-신석정, 「봄을 기다리는 마음」 중에서

✓ 풀이 눕는다.
바람보다도 더 빨리 눕는다.
바람보다도 더 빨리 울고
바람보다도 먼저 일어난다.

날이 흐리고 풀이 눕는다.

발목까지
발밑까지 눕는다.
바람보다 늦게 누워도
바람보다 먼저 일어나고
바람보다 늦게 울어도
바람보다 먼저 웃는다.
날이 흐리고 풀뿌리가 눕는다.

                       ─김수영, 「풀」 중에서

✓ 꿈에 무슨 공연을 보다.
  (젊은 출연자들, 오르막길을,
  고개를 높이 쳐들고
  천천히
  아주 천천히
  걸어오르며
  한 사람이 지극히 절제된 부르짖음으로 말한다)
  아무도 인생에 대해 말해주지 않아
  우리는 이걸 하기로 했어요!

  (나는 슬퍼서……)

  고개를 높이 쳐들고
  두 팔도 앞으로 높이 쳐들고
  걸어오르는 길 저 앞에
  목련인 듯 흰 꽃으로 덮인 나무 위에
  꽃 속에 사람이 하나 꽃송이와 같이

엉겨붙어 있었는데,

아까 그 사람 그 위의 구름을 가리키며
또 조용히 부르짖었다
저 구름 위에 쉬어가세요
저 구름 위에.

홀연 구름은 목련이고 목련은
구름이며 사람은
구름이고 뿌리깊은
구름이고 구름은
목련이며……

(나는 슬퍼서
눈물 자꾸 나와서……)

　　　　　　　　　　　－정현종, 「아무도 말해주지 않는 인생」

✓ 나는 얼굴에 분칠을 하고
　삼단 같은 머리를 땋아 내린 사나이

　초립에 쾌자를 걸친 조라치들이
　날라리를 부는 저녁이면
　다홍치마를 두르고 나는 향단이가 된다.
　이리하여 장터 어느 넓은 마당을 빌어
　램프불을 돋운 포장 속에선
　내 남성이 십분 굴욕된다.

산 넘어 지나온 저 동리엔
은반지를 사주고 싶은
고운 처녀도 있었건만
다음 날이면 떠남을 짓는
처녀야!
나는 집시의 피였다.
내일은 또 어느 동리로 들어간다냐.

우리들의 도구를 실은
노새의 뒤를 따라
산딸기의 이슬을 털며
길에 오르는 새벽은
구경꾼을 모으는 날라리 소리처럼
슬픔과 기쁨이 섞여 핀다.

-노천명, 「남사당」

16) 시와 움직임

훈련 초기에는 적은 분량의 어렵지 않은 시를 선별하여 움직임과
함께 훈련하는 것이 좋다. 동물이 등장하는 소재의 '동물시'나, 어린
이를 위한 '동시', 동화류의 '우화' 등을 선택하여 소리와 신체를 함께
훈련하도록 한다. '동물시', '동시', '우화'에 등장하는 언어는 역동적이
면서 율동적이다. 움직임이 진행되고 있는 이미지가 텍스트에 이미
사용되어 있으므로 훈련하기에 적합하다.

훈련생들이 직접 시를 선택한다. 선택한 시를 운율 있게 소리 내어
읽어보자. 무엇을 느꼈는가? 시언어에서 느껴지는 시의 리듬, 이미지,

운동감에 움직임을 덧입혀 보자. 걷기, 뛰기, 앞구르기, 뒤구르기, 옆돌기, 물구나무서기 등의 다양한 아크로바틱 동작, 발레, 무대동작 등을 다양하게 사용하여 시를 훈련하여 보자. 훈련을 요하는 동작일수록 좋다. 표현의 제한은 없다. 행위가 크고 동적이며, 표현력이 크고 강할수록 좋다. 훈련 초기에는 시와 움직임의 이미지가 서로 맞아 떨어질 필요는 없다. 동적이면서 적극적인 움직임을 시와 결합시키는 것이 중요하다. 훈련이 진행된 후에는 시와 움직임에 상관관계를 만들어 표현하도록 발전시켜야 한다. 시언어와 움직임의 이미지가 상통하는 것이 필요하다.

[동물시]

동물이 소재인 동시를 신체와 더불어 훈련하자. 움직임이 다양하고 풍부할수록 좋고, 신체를 적극적으로 사용할수록 좋다. 훈련생들은 각자 '동물시'를 선택하고, 동작과 더불어 화술훈련을 하자. 파트너와 함께 하여도 좋다. 예를 들어 「다람다람 다람쥐」라는 박목월 시인의 동시를 가지고 아래와 같이 훈련할 수 있다. 다른 동작들로 바꾸어 대신하여도 좋다.

예)

다람다람 다람쥐
알밤줍는 다람쥐
보름보름 달밤에
알밤줍는 다람쥐

알밤인가 하고
솔방울도 줍고

알밤인가 하고

조약돌도 줍고

—박목월, 「다람다람 다람쥐」

예)

다람다람 다람쥐; 앞구르기 한 번

알밤줍는 다람쥐; 앞구르기 두 번

보름보름 달밤에; 뒤구르기 한 번

알밤줍는 다람쥐; 뒤구르기 두 번

알밤인가 하고; 점프, 또는 도마뱀 걷기 동작

솔방울도 줍고; 점프, 또는 도마뱀 걷기 동작

알밤인가 하고; 빠르게 뛰기, 또는 개구리 점프 동작

조약돌도 줍고; 빠르게 뛰기, 또는 개구리 점프 동작

[동화시]

아래는 동화 「곰 잡으러 가자」에 나오는 동시이다. 곰을 잡으러 가는 모습이 시 운율로 재미있게 표현되어 있다. 1)은 동화에 나오는 '동화시'이고, 2)는 '동화시'에 필자가 음절조합을 만들어 첨가하여 보았다.

1)

풀밭을 헤쳐 사각 서걱! 사각 서걱!

강물을 헤엄쳐 덤벙 텀벙! 넘벙 텀벙!

진흙탕을 밟고 처벅 철벅! 처벅 철벅!

숲을 뚫고 바스락 부스럭! 바스락 부스럭!

눈보라를 헤쳐 횡 휘잉! 횡 휘잉!

동굴 속으로, 살금 살금! 살금 살금!

곰 잡으러 가자.

; '동화시'를 말하면서, 판토마임의 '걷기'동작을 하자. 제자리에서
걷되, 두 다리와 양팔을 크게 사용하여 마임동작으로 걷는다. 신체의
상체는 앞쪽으로 기울도록 각도를 준다. 마임동작으로 걸어도 소리
에너지는 일정해야 한다.

2)

풀밭을 헤쳐, 사각 서걱! 사각 서걱!

스구-스고-스거-스가-스개-스게-스기-스그

강물을 헤엄쳐, 덤벙 텀벙! 덤벙 텀벙!

드부-드보-드버-드바-드배-드베-드비-드브

진흙탕을 밟고, 처벅 철벅! 처벅 철벅!

츠부-츠보-츠버-츠바-츠배-츠베-츠비-츠브

숲을 뚫고, 바스락 부스럭! 바스락 부스럭!

브스루-브스로-브스러-브스라-브스래-브스레-브스리-브스르

눈보라를 헤쳐 횡 휘잉! 횡 휘잉!

흐우-흐오-흐어-흐아-흐애-흐에-흐이-흐으

동굴 속으로, 살금 살금! 살금 살금!

스구-스고-스거-스가-스개-스계-스기-스그

곰 잡으러 가자.

; 처음부터 텍스트가 끝나는 순간까지 마임으로 걷기 동작을 한다.
팔은 자연스럽게 풀을 헤치듯 교차한다. 마임의 걷기 동작은 자연스
럽고 리듬감이 있어야 하며, 소리는 편안하고 자연스러워야 한다. 정
확한 발음으로 소리를 낸다. 처음부터 텍스트가 끝나는 마지막 순간
까지 소리에너지에 힘이 실려 있어야 한다. 길이가 늘어나는 텍스트
를 감당하기 위해서 호흡분배와 소리에너지를 적절히 사용하는 것도
중요하다. 마임의 걷기 동작이 아닌, 다른 신체 움직임을 활용하여도
좋다.

[동시]
한국을 대표적인 동시 작가 강소천 님의 「가을하늘」, 「마음대로
숨어라」, 「까아딱 까아딱」의 시 3편을 가지고, 시와 움직임을 이용하
여 예들을 제시하여 보았다.

예) 1
한 ⋯⋯ 번
두 ⋯⋯ 번
세 ⋯⋯ 번
네 ⋯⋯ 번
⋯⋯
⋯⋯
(나는 그만 쓰러졌다.)

마당이 돈다.

집이 돈다.

우리 나라가 돈다.

지구가 돈다.

-강소천, 「가을 하늘」 중에서

한 번; 〈기본자세〉 양팔로 만세를 하고, **상체만** 360° 시계 방향으로 크게 돌린다.

두 번; 시계 반대 방향으로 돌린다.

세 번; 시계 방향으로 돌린다.

네 번; 시계 반대 방향으로 돌린다.

마당이 돈다. 집이 돈다; 아크로바틱 옆돌기 동작

우리 나라가 돈다. 지구가 돈다; 아크로바틱 옆돌기 동작

예) 2

숨어라 숨어라 꼭 꼭

숨어라 숨어라 꼭 꼭

찾는다 찾는다 꼭 꼭

찾는다 찾는다 꼭 꼭

마음대로 찾았다

-강소천, 「마음대로 숨어라」

숨어라 숨어라 꼭 꼭; 오른발 흔들기

숨어라 숨어라 꼭 꼭; 왼발 흔들기

찾는다 찾는다 꼭 꼭; 뛰어가며 점프하기

찾는다 찾는다 꼭 꼭; 반대 방향으로 뛰어가며 점프하기

마음대로 찾았다; 크고 멋있게 무대인사하기(마침표)

예) 3

까아딱 까아딱
소온목이 까아딱.
- 누굴 보구 까아딱
- 엄마 보구 까아딱
- 어쩌서 까아딱
- 젖 달라고 까아딱.

까아딱 까아딱
소온목이 까아딱.
- 누굴 보구 까아딱
- 누나 보구 까아딱
- 어쩌서 까아딱
- 업어 달라 까아딱

까아딱 까아딱
소온목이 까아딱.
- 누굴 보구 까아딱
- 달님 보구 까아딱
- 어쩌서 까아딱
- 놀러 오라 까아딱

ー강소천, 「까아딱 까아딱」

1)

〈기본자세〉주먹 쥔 오른손을 올린다. 손목을 돌리면서 위에서 아래 방향으로 큰 반원을 그리며 동시 「까아딱 까아딱」을 낭송한다. 오른 손목이 아래 방향으로 내려오면, 왼손이 원을 이어 받는다. 왼 손목을 돌리면서, 아래에서 위의 방향으로 큰 반원을 그리며 낭송한다. 큰 원을 오른손, 왼손으로 그리며 낭송한다. 손의 높낮이가 말의 높낮이가 되도록 한다. 동시의 모음을 풍성하고 울림 있게 소리 낸다.

2)

바닥에 앉는다. 양 발바닥을 맞닿아 몸 쪽으로 잡아당긴다. 두 손은 발을 잡고 있다. 상체를 앞쪽으로 약간 숙인다. 신체에 반동을 주어 몸 전체가 공처럼 둥글게 원을 그리도록 한다. 신체를 둥글게 굴리며 소리 낸다. 빠르지 않게 연속적으로 움직이면서 소리를 낸다. 몸의 중심을 이동하면서 동일한 템포로 힘을 균등하게 사용하면서 소리를 낸다.

'시' 훈련의 Point!

1.

'시적 구조'를 지닌 시를 선택한다. 소리와 발음훈련에 활용되기 좋은 소재를 선별하도록 한다. 시 소재는 표현력이 있고, 공연적인 요소가 포함되어 있는 것일수록 좋다. 구조적인 형태로는 풍부한 언어를 사용하여 사람들의 마음을 쉽게 열어야 하고, 안으로는 배우의 화술을 훈련시키기에 적합한 교육적 가치가 있어야 한다.

2.

그룹에서 '시' 훈련을 할 때에, 훈련 중에 텍스트를 기억하도록 한다. 십여 명의 훈련생들이 있다고 치자. 훈련생들에게 '시'의 각 구절들을 각각 주어 바로 암기(기억)하게 한다. 본인의 분량은 본인이 반드시 기억해야 한다. 그리고 함께 각자의 구절을 리듬 있게 암송한다. 한두 번 반복하고 세 번 이상 반복하면 암기된다. 만약 본인의 구절을 잊어버렸다면 그것을 기억하는 다른 사람이 있다. 훈련을 해보면 알 수 있다. 이 방식은 집단적으로 텍스트를 기억하게 하는 훈련방식이다. 여러 번 반복하고 나면 거의 실수 없이 시를 익히게 된다. 일주일 후면 모든 훈련생들이 '시'를 전부 암송하게 될 것이다. 시 운율을 익히기 위해 새로운 방식을 고안해 보는 것도 좋다.

3.

그룹에서 '시' 암송은 한 사람이 시작해서 다른 사람이 이어받는 돌림 형식으로 할 수도 있고, 다 같이 합창으로 할 수도 있다. 돌림 형식에서 중요한 점은 '이어받기'이다. 이어받기는 호흡과 소리에너지를 바로 앞 사람에게서 이어받는 것이다. 그러나 '이어받기'에서 대부분이 호흡과 소리가 조금 증가하던지 아니면 감소하던지 한다. 약간의 증가와 감소는 상관없지만, **강력한 발음에는 변화가 없어야 한다.** 그룹에서의 앙상블 훈련은 서로 함께 호흡하는 것이다. 서로 함께 하나의 끊이지 않은 쇠사슬로 엮여 있다고 생각해야 한다. 서로 함께 호흡하는 것, 여기에 바로 앙상블 훈련목적이 있다.

4.

좋은 한국어로 된 시를 선택한다. 내적 의미와 외적 표현들을 이해한다. 시 훈련의 목표는 배우의 내면세계를 풍부하게 만드는 것과 음성훈련 및 배우의 표현력을 높이는 데에 있다.

5.

시는 시대적 상황과 민족성, 개인성을 표현하는 하나의 방식이다. 소포클레스부터 셰익스피어 그리고 현대의 작가들까지 시를 통해 작가의 생각을 이야기하고 있다. 배우는 시언어를 올바로 이해하고 작품을 분석할 수 있어야 하며, 작가의 생각을 표현력 있게 전달할 수 있어야 한다.

화술훈련의 Tip!

배우화술 훈련의 마무리 단계에서는 훈련의 방법과 목적, 효과, 그리고 화술에 관한 질문을 스스로 정리하는 시간을 갖도록 한다. 생각을 정립하는 시간은 반드시 필요하다. 훈련에 대한 간단한 분석을 글로 남기도록 한다. 훈련의 목적, 본인의 생각, 다른 훈련생들을 관찰한 느낌과 생각 등을 글로 남기도록 한다. 넉넉한 시간보다는 촉박한 시간에 자신의 생각을 독립적으로 집약하는 방법을 터득해야 한다. 이러한 기록훈련은 자기개발을 위한 훈련방식이다. 기록훈련은 화술훈련의 목적과 기본 원리를 깨닫게 하고, 여전히 본인에게 남겨져 있는 문제들을 바라보게 한다. 화술에 대해 인식과 이해, 그리고 훈련의 목적들을 스스로 정립하게 한다. 그리고 스스로 모니터링 함으로써 개선해야 될 생산적인 시간을 갖게 한다.

부 록

연기학과에서 화술교육 방법 및 소재 제안

1학년

1학년은 연기학과 교육과정 중에서 가장 중요한 시기이다. 1학년 과정은 훈련의 강도가 높고, 반복적이어야 한다. 자신의 잘못된 화술 습관을 철저히 인식하고, 잘못된 습관을 제거하기 위해 꾸준한 노력이 필요한 시기이다. 지속적인 관찰과 노력으로 올바르지 못한 화술 습관들을 제거하고, 올바른 화술을 반복하여 훈련함으로써 자신의 것으로 정착시켜야 한다. 발성이 되었다, 안 되었다 하는 유동적 발성이 아니라 자신의 것으로 고정된 발성이어야 한다. 자신 안에 올바른 소리의 통로가 세워져야 한다. 훈련에 임하는 자세는 매우 **적극적**이고 **진지**해야 한다. 자발적인 훈련 습관과 태도가 매우 중요하다.

〈1학기〉

1학년 때에는 화술의 기초를 온전히 숙지하는 것이 중요하다. 1학년 때 훈련되어야 할 사항들은 다음과 같다. 한국어 단순모음(8개)의 음가와 위치, 발음 모양을 정확히 이해하고 소리를 낸다. 단순모음의 장음과 단음을 훈련한다. 한국어 19개의 자음 위치와 음가를 정확히 이해한다. 신체 이완을 통하여, 불필요한 근육의 긴장을 없앤다. 복식호흡을 사용하여 호흡을 깊이 하고 호흡량을 늘린다. 신체를 적극적으로 사용하면서 발성과 발음을 훈련한다. 소리훈련은 1음절을 시작으로 2~4음절순으로 점차 늘린다. 단어, 구절, 단문장, 복문장 순으로 훈련한다. 배우화술 훈련의 기초들은 상상력과 놀이, 테니스공, 줄넘기, 막대기 등을 이용한 다양한 방법들로 훈련하도록 한다. 동시에, 도구의 기술(technic)들이 습득되도록 한다. 1인과 2인, 그리고 그룹이 함께 훈련한다. 서로 항상 교감한다. 단모음길(소릿길), 음절조합, 발음텍스트, 동시 등의 소재를 가지고 훈련한다.

시험

신체와 소리를 연결시켜 1인, 또는 2인 1조가 되어 화술을 소재로한 화술에튜드를 발표한다. 시험은 그리 길지 않은 분량으로 학생들스스로 만든다. 수업 중에 훈련받은 발성과 발음을 활용하고 음절, 구절, 문장 등을 첨가하여 훈련된 움직임과 더불어 화술에튜드를 만들어 발표한다.

에튜드 형식의 3~5분 정도 길이면 충분하다. 1학년 1학기에는 도구를 적극적으로 활용하면 좋다. 화술에튜드는 **자신에게 쉽게 접근되는 소재로, 나타내고자 하는 생각이나 사건이 잘 드러날 수 있는 자신과 가까운 이야기가 좋다.** 전제된 상황, 주제, 장소, 시간 등을 정하고, 에튜드에 등장하는 인물에 유기적으로 드러나도록 만들어야 한다. **에튜드는 명확하지 않을 수 있는 사건이나 정확하지 않은 사건, 또는 생각이 자꾸 바뀌는 것, 고전문학에서 소재를 선택하지 않는 것을 원칙으로 한다.** 에튜드는 나타내고자 하는 주제가 정확히 이해되도록 만드는 것을 훈련하는 작업이다. 훈련에 사용되는 말은 고어가 아닌 발음훈련용 텍스트나 현재 사용되는 '일반어' 또는 '문학에 소개된 언어'를 활용하도록 한다.

화술에튜드 발표를 통하여 올바른 화술습관이 자신의 것으로 습득되었는지를 확인한다. 호흡근육과 후두 주변근육의 긴장을 제거하는 훈련법, 자연발생적인 소리훈련법, 호흡근육을 강화시키는 훈련법, 긴 날숨훈련법, 코 호흡훈련법이 화술에튜드에 첨가되었는지 확인한다. 여러 가지 음성훈련들은 호흡과 동작에 연결시키도록 한다. 1학기에는 어렵지 않은 동작을 소리에 연결시킨다. 예기치 않게 생기는 긴장들을 제거하고, 의식하지 않아도 공명이 발생될 정도로 훈련한다. 1학기에는 자기 소리의 중간 영역을 찾고, 자신의 소리사용에 익숙해져야 한다. 외부에 보이는 발음기관과 내부에 보이지 않는 후두기관의 근육을 모두 훈련해야 한다. 발음훈련 역시 동작과 연결시킨다. 공명형성과 발음기관을 활성화시키는 움직임을 적극적으로 사용한다. 발음훈련용 텍스트는 발음하기 쉽지 않은 자음으로 이루어진 음절조합, 단어, 문장 등을 사용한다. 시험은 학생들 스스로 선택하고 결정하여 이끌도록 한다. 텍스트와 동작이 동시에 일어남에도 불구하고 과하게 헐떡이는 모습이 보이지 않도록 한다. 소리는 가볍고, 편안하게 울리며, 길지 않은 텍스트를 선별하여 표현력 있게 자신의 색깔로 여러 느낌들을 만들어 관객에게 충분히 전해질 수 있도록 화술에튜드를 만든다. 에튜드훈련은 상상력과 판타지를 증가시키고 앞으로 전문배우가 될 학생들의 화술기관을 훈련시키며, 텍스트를 자신의 것으로 만들게 하고 문장을 여러 형태로 활용하는 능력을 키우게 한다.

정확한 모음발음을 습관화한다. '소릿길(단모음길)'에 다양한 자음과 소리조합들을 덧입혀 정확하게 발음한다. 유성자음[ㅁ, ㄴ, ㅇ, ㄹ]의 공명을 확장시킨다. 무성자음[ㄱ, ㄷ, ㅂ]도 동일한 방식으로 적용시킨다. 표준발음법에 의거한 장음, 단음 발음훈련을 첨가시킨다.

평가기준

화술에튜드의 발표를 통하여 학생이 지닌 단점이 제거되었는지, 올바른 울림이 사용되었는지, 신체의 이완 정도가 적당한지, 신체와 소리의 기술들이 습득되었는지, 올바른 모음과 자음으로 발음되었는지, 음절조합과 텍스트의 발음이 정확하였는지, 관객들의 시선을 자신에게 집중시켰는지, 화술에튜드의 구조를 잘 만들었는지 등을 평가한다. 아직은 외적, 내적인 기술들이 완전히 이루어진 상태가 아님을 인지하고 평가한다.

〈2학기〉

교육프로그램에 의거한 단계별 화술훈련이 되도록 한다. 표준발음법으로 텍스트를 훈련한다. 불필요한 긴장을 제거하고 어려운 발음이 습득되도록 훈련한다. 2학기에는 음역을 확장시켜 훈련한다. 호흡을 위한 체조 동작들을 소리에 연결시킨다. [시], [리], [치] 발음을 더욱 강도 있게 훈련한다. 발음훈련에 활용되는 동작들은 1학기보다 더 어려운 동작으로 연결한다. 1학기에는 소리와 동작이 반드시 맞을 필요가 없으나, 2학기에는 소리와 동작이 조합을 이루도록 한다. 텍스트와 상황, 동작들이 조합을 이루도록 한다.

시험

한국 전래동화나 우화, 외국동화를 소재로 움직임과 함께 **공연형식으로 발표**하는 것이 2학기 화술시험이다. '동화'를 소재로 한 기말 발표회이다. 동화의 소재는 정적인 것보다는 동적인 것이 좋다. 동화에 등장하는 소재는 **동물**이 되도록 한다. 길지 않은 분량으로, 한국어 표현이 잘 되어진 텍스트를 선별하도록 한다. 동화를 소재로 하여 배우화술 기술들이 잘 습득되었는지 평가한다. 신체와 음성기관들을 적절히 사용하여 신체와 소리, 텍스트와 표현이 잘 이루어졌는지 확인한다. 호흡량을 늘리고, 공명 기능을 넓히고, 표현력 있는 텍스트로 전달되었는지 **동화발표**를 통하여 확인한다. 텍스트(동화)를 통해 자연스러운 소리(natural voice)를 정착시키는 것이 목적이다.

텍스트 양에 따라 그룹 또는 전체로 나눈다. 선별한 동화를 소재로 적극적이고 역동적이게 신체를 움직이면서 동화를 표현하도록 한다. 훈련이 요구되는 움직임이 많이 사용될수록 좋다.

평가기준

1학년 1학기의 화술 평가 기준을 그대로 적용하되 호흡, 발성, 발음 요소들이 더욱 복합적으로 발전되었는지 평가한다. 그룹과 개인 화술의 향상정도를 평가한다. 동화를 통해 화술기술의 성장과 극(drama)구조 이해가(크지는 않지만) 이루어졌는지 평가한다. 동화에 등장하는 인물이 화술 측면에서 잘 표현되었는지, 줄거리와 주제가 명확히 전달되었는지 평가한다. 화술기술이 외적, 내적으로 1학기보다 향상되었는지 평가한다.

2학년

배우화술에서 중요한 분야가 바로 문학작품으로 **화술낭독**(Oral Interpretation)을 훈련하는 것이다. 2학년에 들어서며 발성과 발음훈련을 지속시키는 동시에 **한국 고전 단편문학**을 소재로 그룹으로 화술낭독을 훈련해야 한다. 그룹에서는 작품의 공간적 이미지를 화술로 낭독하면서 표현해야 한다. 에피소드를 연속적으로 등장시켜 극(Drama)전개를 훈련해야 한다. 이러한 그룹에서의 개인 낭독훈련은 예술형태는 유지하면서 학생들을 개별적으로 작품에 접근시키는 방식이다.

고전문학은 이미 오랫동안 검증되어 온 좋은 형태의 예술작품이다. 문학작품훈련은 모국어의 질을 향상시킬 뿐 아니라, 자신의 정신세계와 삶의 태도도 변화시킨다. 문학작품을 활용하는 훈련은 학생들에게 한국문학의 정신을 보존하고 계승시키기 위함도 포함되어 있다.

고전 단편문학을 소재로 독백[11] 형식을 띤 1인칭시점의 화술낭독은 화술교육에 있어서 아주 중요한 훈련이다. 학생들은 독백과 대화, 문장에 표현된 상황, 감정 상태를 1인칭시점으로 표현해야 한다. 3인칭시점으로 전달하는 것은 좋지 않다. 1인칭시점의 독백 화술낭독은 어떠한 작품에서도 가능하다. 배우 작업 중의 하나가 등장인물의 이미지를 화술로 창조하는 일이다. 이를 가리켜 성격화술이라 한다. 등장인물의 화술양식을 찾아야 한다. 작가의 세계관과 인간관이 작품에 등장하는 주된 인물(주인공)과 주변 인물에 나타난다. 등장인물의 성격화술에 개인성, 습관, 성격, 생각, 문화적 배경 등등이 나타나야 한다. 학생들은 작가가 이야기하고자 하는 표현에 가깝도록, 작가의 의도에 근접하도록 낭독해야 한다. 작가는 그의 사상과 생각, 세상관, 감성, 소망 등을 작품에 등장하는 인물을 통해 말하고 있다. 배우는 작품의 주된 인물(또는 주인공)과 주변 인물과의 갈등, 고통, 기쁨, 소망하는 것을 통해 작가의 가치관을 관객들에게 전달해야 한다.

화술낭독훈련은 학생들에게 이야기의 주제와 초목표를 분명히 하는 법을 배우게 하고, 중요한 것과 부차적인 것을 드러내는 방법과 언어를 적극적으로 살아 움직이게 하는 방법을 배우게 한다. 화술낭

---

11 독백이란, 배우가 상대역 없이 혼자 말하는 행위를 말한다.

독훈련은 관통하는 행위(through line of actions)에 대한 이해, 갈등 그리고 화자가 집중하고 있는 대상, 텍스트의 언어적 특징을 이해하게 한다. 작가가 전달하고자 하는 초목표(supper-objective)¹²를 위해 등장인물이 지닌 감정적 원인과 삶을 움직이는 심리적 방향을 습득시키게 한다. 이것은 포괄적이면서 근본적인 매우 중요한 훈련이다.

〈1학기〉

1인칭시점의 화술낭독은 희곡의 독백 형식에 매우 가까워야 하며 **'자신으로부터'** 출발해야 한다. 작품에 등장하는 중요인물(주인공)의 이야기가 전달되어야 한다. 화자는 3인칭 관찰자가 아닌 1인칭 시점의 인물에서 느끼고 있는 감정으로 전달해야 한다. 중요 인물이 인생을 바라보는 시각과 주변 인물들과의 관계를 심리적이면서 섬세하고 예민하게 표현해야 한다. 1인칭시점은 인물을 더욱 강렬하고, 자세하고, 정확하게 표현한다. 또한 감정들을 크게 확대시켜 발산시키기도 한다. 무대 도구나 분장, 의상 등은 필요하지 않다. 문학작품의 언어가 템포, 리듬, 동적인 움직임으로 느껴지도록 표현한다. 주인공의 마음, 생각, 느낌이 움직이고 있음을 전달한다. 막연한 이미지를 연기하는 것이 아니라 등장인물의 논리적 사고, 내적 온도, 상태 등을 성격화술로 연기한다.

---

12 '초목표'는 스타니슬랍스키 시스템의 중요한 용어 중의 하나이다. 작가의 작품은 공연을 통해 새로운 모습으로 변하게 된다. 연출가와 배우는 작가의 생각과 주제를 대중에게 전달한다. '초목표'라는 것은, 공연의 최종 목표를 말하는 것으로 배우는 항상 초목표를 인식하고 있어야 한다. 왜냐하면 초목표는 등장인물의 논리를 지배하고, 주제를 구체화하기 때문이다. 등장인물의 묘사와 감정 상태, 상황들은 초목표와 긴밀한 연관이 있다. 초목표는 인물의 성격을 구축하며, 등장인물을 존재하게 한다. 초목표는 인물의 정서를 논리적으로 정당화시킨다. 그러므로 배우의 화술에는 반드시 이유가 있고, 그 이유는 초목표와 관련이 있다.

시험

한국 고전 단편문학 중에서 좋은 소재를 선택한다. 그룹에서 고전 단편문학을 소재로 공연형식의 발표회를 하는 것이 시험이다. 그룹에서 선택한 작품을 소재로 한사람씩 나와 1인 독백 낭독을 한다. 등장인물(주인공)의 시점으로 이야기가 전개되도록 한다. 1인칭 시전의 독백낭독이지만 독백연기에 가까워야 한다.

평가기준

문학작품에 등장하는 인물과 상황이 성격화술로 잘 표현되었는지 평가한다. 화술낭독을 통하여 학생들의 기술이 전보다 향상되었는지, 극과 인물에 대한 이해가 잘 이루어졌는지, 연기적으로 표현되었는지를 평가한다.

〈2학기〉

화술교육프로그램에 의거한 단계별 2학년 2학기 화술훈련이 되도록 한다. 2학년 1학기와 동일한 형식이고, 소재는 외국 고전 단편문학에서 작품을 선택하도록 한다. 외국 문학은 한국어로 잘 번역된 텍스트 선별이 중요하다. 2학기에는 2인 1조가 되어 화술낭독을 파트너와 함께 훈련한다.

시험

2학기도 1학기와 동일한 방식으로 진행된다. 한국어로 번역이 잘 된 문학작품을 선별하여 **파트너와 2인 1조가 되어 화술낭독**을 한다. 선별된 텍스트는 1학기와 동일한 방식으로 1인칭시점의 독백 형식으로 낭독한다. 문학작품을 조명하는 것이 아니라, 배우화술의 표현을 향상시키는 것이 목적이다. 연기의 대사를 깊이 있게 훈련시키기 위한 과정이다. 공연형식의 화술낭독발표회가 시험이다.

평가기준

2학년 1학기와 동일한 기준이다. 1학기보다 개인화술이 향상되었는지 평가한다. 음성 표현, 인물 표현, 연기 등의 화술과 연결되어 성장되었는지 평가한다.

3~4학년

3~4학년은 중편, 장편문학의 화술낭독(Oral Interpretation)이나 희곡낭독을 소재로 한다. 한국문학이나 한국어로 잘 번역된 외국문학을 소재로 사용하여도 좋다. 현대에 활발히 이루어지고 있는 공연 전 단계로서의 희곡낭독 공연을 소재로 하여도 좋다. 화술의 외적, 내적 기술훈련과 표현훈련이 이루어져야 한다.

표준발음법 활용

한국어 **표준발음법**을 활용하여 필자는 발음훈련용 소리조합을 만들어 보았다. 표준발음법에 명시된 '모음, 소리의 길이, 받침의 발음, 소리의 동화, 된소리 내기, 소리의 첨가'들을 소릿길에 다양하게 적용하였다. 앞에 예시된 훈련들에 적용할 수 있다. 표준발음법 예들을 통해 다양한 발음들을 훈련하여 보자. 진킨(Zinkin)[13]은, "발음의 정확성이란, 혀, 입술, 아래턱과 구개가 항상 정확한 위치에서 완벽하고 온전한 상태에서 발음이 나는 것이 아닌, 차별화된 정확성에 있다. 그것은 인후와 구강의 공명, 정적과 동력 관계의 정확성이 있다."고 하였다.

뜻이 담기지 않은 발음훈련용 음절조합에도 훈련원칙은 있다. 의미를 지니고 있지 않은 텍스트를 1) 말하듯이, 2) 표현력 있게 말하는 것이다. 발음훈련용 음절조합 텍스트에 의지(동기)와 정서(감정)를 부여하도록 하자. 훈련파트너를 향해 정서를 전달하자.

다음은 표준발음법에 의한 발음 원칙들을 가지고 발음훈련용 음절조합을 만든 것이다. 참고하여 훈련하도록 하자.

---

13 Zinkin, 「Механизмы речи Язык-Речь-Творчество」. М., 1998, С.83-84.

1. 모음

1-1. 용언의 활용형에 나타나는 '져, 쪄, 쳐'는 [저, 쩌, 처]로 발음한다.

가지어 → 가져[가저]

- 구저, 고저, 거저, **가저**, 개저, 게저, 기저, 그저

찌어 → 쪄[쩌]

- 쭈, 쪼, **쩌**, 짜, 째, 쩨, 찌, 쯔

다치어 → 다쳐[다처]

- 두처, 도처, 더처, **다처**, 대처, 데처, 디처, 드처

1-2. '예, 례' 이외의 'ㅖ'는 [ㅔ]로도 발음한다.

계집[계 : 집/게 : 집]

- 구:집, 고:집, 거:집, 가:집, 개:집, **게:집**, 기:집, 그:집, 구-고-거
  -가-개-게-기-그

계시다[계 : 시다/게 : 시다]

- 구:시다, 고:시다, 거:시다, 가:시다, 개:시다, **게:시다**, 기:시다,
  그:시다

시계[시계/시게](時計)

- 수게, 소게, 서게, 사게, 새게, 세게, **시게**, 스게, 수-소-서-사
  -새-세-시-스

연계[연계/연게](連繫)

- 윤게, 욘게, **연게**, 얀게, 얜게, 옌게, 윤-욘-연-얀-얜-옌

몌별[몌별/메별](袂別)

- 무별, 모별, 머별, 마별, 매별, **메별**, 미별, 므별, 무-모-머-마
  -매-메-미-므

개폐[개폐/개페](開閉)

- 구페, 고페, 거페, 가페, **개페**, 게페, 기페, 그페, 구-고-거-가
  -개-게-기-그

혜택[혜택/헤택](惠澤)

- 후택, 호택, 허택, 하택, 해택, **혜택**, 히택, 흐택

지혜[지혜/지헤](智慧)

- 주혜, 조혜, 저혜, 자혜, 재혜, 제혜, **지혜**, 즈헤

1-3. 자음을 첫소리로 가지고 있는 음절의 '늬'는 [ㅣ]로 발음한다.

늴리리[닐리리]

- 눌리리, 놀리리, 널리리, 날리리, 넬리리, 넬리리, **닐리리**, 늘리리

닁큼[닝큼]

- 눙큼, 농큼, 넝큼, 낭큼, 냉큼, 넹큼, **닝큼**, 능큼

무늬[무니]

- **무니**, 모니, 머니, 마니, 매니, 메니, 미니, 므니

띄어쓰기[띠어쓰기/띠여쓰기]

- 뚜어쓰기, 또어쓰기, 떠어쓰기, 따어쓰기, 때어쓰기, 떼어쓰기,
  띠어쓰기, 뜨어쓰기

씌어[씨어]

- 쑤어, 쏘어, 써어, 싸어, 쌔어, 쎄어, **씨어**, 쓰어

틔어[티:어]

- 투어, 토어, 터어, 타어, 태어, 테어, **티어**, 트어

희어[히어]

- 후어, 호어, 허어, 하어, 해어, 헤어, **히어**, 흐어

희떱다[히떱따]

- 후떱따, 호떱따, 허떱따, 하떱따, 해떱따, 헤떱따, **히떱따**, 흐떱따

1-4. 단어의 첫음절 이외의 '의'는 [ㅣ]로, 조사 '의'는 [ㅔ]로 발음 함도 허용한다.

주의[주의/주이]

- **주이**, 조이, 저이, 자이, 재이, 제이, 지이, 즈이

협의[혀븨/혀비]

- 휴비, 효비, **혀비**, 햐비, 해비, 혜비, 휴-효-혀-햐

우리의[우리의/우리에]

- **우리에**, 오리에, 어리에, 아리에, 애리에, 에리에, 이리에, 으리에

강의의[강 : 의의/강 : 이에]

- 궁이에, 공이에, 경이에, **강이에**, 갱이에, 겡이에, 깅이에, 긍이에

2. 소리의 길이

2-1. 모음의 장단을 구별하여 발음하되, 단어의 첫 음절에서만 긴소 리가 나타나는 것을 원칙으로 한다.

1〉

눈보라[눈 : 보라]

- **눈:보라**, 논:보라, 넌:보라, 난:보라, 낸:보라, 넨:보라, 닌:보라, 는:보라, 눈-논-넌-난-낸-넨-닌-는

말씨[말 : 씨]

- 물:씨, 몰:씨, 멀:시, **말:씨**, 맬:씨, 멜:씨, 밀:씨, 믈:씨, 물-몰-멀 -말-맬-멜-밀-믈

밤나무[밤 : 나무]

- 붐:나무, 봄:나무, 범:나무, **밤:나무**, 뱀:나무, 뱀:나무, 빔:나무, 븜:나무, 붐-봄-범-밤-뱀-뱀-빔-븜

많다[만 : 타]

- 문:타, 몬:타, 먼:타, **만:타**, 맨:타, 멘:타, 민:타, 믄:타, 문-몬-먼
  -만-맨-멘-민-믄

멀리[멀 : 리]

- 물:리, 몰:리, **멀:리**, 말:리, 맬:리, 멜:리, 밀:리, 믈:리, 물-몰-멀
  -말-맬-멜-밀-믈

벌리다[벌 : 리다]

- 불:리다, 볼:리다, **벌:리다**, 발:리다, 밸:리다, 벨:리다, 빌:리다,
  블:리다, 불-볼-벌-발-밸-벨-빌-블

2〉

첫눈[천눈]

- 춘눈, 촌눈, **천눈**, 찬눈, 챈눈, 첸눈, 친눈, 츤눈, 춘-촌-천-찬
  -챈-첸-친-츤

참말[참말]

- 춤말, 촘말, 첨말, **참말**, 챔말, 쳄말, 침말, 츰말, 춤-촘-첨-참
  -챔-쳄-침-츰

쌍동밤[쌍동밤]

- 쑹동밤, 쏭동밤, 썽동밤, **쌍동밤**, 쌩동밤, 쎙동밤, 씽동밤, 쓩동밤,
  쑹-쏭-썽-쌍-쌩-쎙-씽-쓩

수많이[수 : 마니]

- **수:마니**, 소:마니, 서:마니, 샤:마니, 새:마니, 세:마니, 시:마니,
  스:마니, 수-소-서-샤-새-세-시-스

눈멀다[눈멀다]

- **눈멀다**, 논멀다, 넌멀다, 난멀다, 낸멀다, 넨멀다, 닌멀다, 는멀다

떠벌리다[떠벌리다]

- 뚜벌리다, 또벌리다, **떠벌리다**, 따벌리다, 때벌리다, 떼벌리다,

띠벌리다, 뜨벌리다, 뚜－또－떠－따－때－떼－띠－뜨

2-2. 합성어의 경우에는 둘째 음절 이하에서도 분명한 긴소리를 인정한다.

반신반의[반 : 신 바 : 늬/반 : 신 바 : 니]

• 분:신부:니, 본:신보:니, 번:신버:니, **반:신바:니**, 밴:신배:니, 벤:신베:니, 빈:신비:니, 븐:신브:니

재삼재사[재 : 삼 재 : 사]

• 주:삼주:사, 조:삼조:사, 저:삼저:사, 자:삼자:사, **재:삼재:사**, 제:삼제:사, 지:삼지:사, 즈:삼즈:사

용언의 단음절 어간에 어미 '-아/-어'가 결합되어 한 음절로 축약되는 경우에도 긴소리로 발음한다. 보아→ 봐[봐 :], 기어→ 겨[겨 :], 되어→ 돼[돼 :], 두어→ 둬[둬 :], 하여→ 해[해 :]. 그러나 '오아→와, 지어→ 져, 찌어→ 쩌, 치어→ 쳐' 등은 긴소리로 발음하지 않는다.

2-3. 긴소리를 가진 음절이라도, 다음과 같은 경우에는 짧게 발음한다. 단음절인 용언 어간에 모음으로 시작된 어미가 결합되는 경우

감다[감 : 따]—감으니[가므니]

• 굼:따구므니, 곰:따고므니, 검:따거므니, **감:따가므니**, 갬:따개므니, 겜:따게므니, 김:따기므니, 금:따그므니

밟다[밥 : 따]—밟으면[발브면]

• 붊:따불브면, 봄:따볼브면, 법:따벌브면, **밥:따발브면**, 뱁:따밸브면, 벨:따벨브면, 빕:따빌브면, 븝:따블브면

신다[신 : 따]—신어[시너]

- 순:따수너, 손:따소너, 선:따서너, 산:따사너, 샌:따새너, 센:따세너, **신:따시너**, 슨:따스너

알다[알 : 다]—알아[아라]

- 울:다우라, 올:다오라, 얼:다어라, **알:다아라**, 앨:다애라, 엘:다에라, 일:다이라, 을:다으라

2-4. 다음과 같은 경우에는 예외적이다.

끌다[끌 : 다]—끌어[끄 : 러]

- 꿀:다꾸:러, 꼴:다꼬:러, 껄:다꺼:러, 깔:다까:러, 깰:다깨:러, 껠:다께:러, 낄:다끼:러, **끌:다끄:러**

떫다[떨 : 따]—떫은[떨 : 븐]

- 뚤:따뚤:븐, 똘:따똘:쁜, **떨:따떨:쁜**, 딸:따딸:쁜, 땔:따땔:쁜, 뗄:따뗄:쁜, 띨:따띨:쁜, 뜰:따뜰:쁜

벌다[벌 : 다]—벌어[버 : 러]

- 불:다부:러, 볼:다보:러, **벌:다버:러**, 발:다바:러, 밸:다배:러, 벨:다베:러, 빌:다비:러, 블:다브:러

썰다[썰 : 다]—썰어[써 : 러]

- 쑬:다쑤:러, 쏠:다쏘:러, **썰:다써:러**, 쌀:다싸:러, 쌜:다쌔:러, 쎌:다쎄:러, 씰:다씨:러, 쓸:다쓰:러

없다[업 : 따]—없으니[업 : 쓰니]

- 웁:따웁:쓰니, 옵:따옵:쓰니, **업:따업:쓰니**, 압:따압:쓰니, 앱:따앱:쓰니, 엡:따엡:쓰니, 입:따입:쓰니, 읍:따읍:쓰니

2-5. 용언 어간에 피동, 사동의 접미사가 결합되는 경우,

감다[감 : 따]—감기다[감기다]

- 굼:따굼기다, 곰:따곰기다, 검:따검기다, **감:따감기다**, 갬:따갬기

다, 겜:따겜기다, 김:따김기다, 금:따금기다

꼬다[꼬 : 다]—꼬이다[꼬이다]

- 꾸:다꾸이다, **꼬:다꼬이다**, 꺼:다꺼이다, 까:다까이다, 깨:다깨이
  다, 께다:께이다, 끼:다끼이다, 끄:다끄이다

밟다[밥 : 따]—밟히다[발피다]

- 붊:따불피다, 봡:따볼피다, 법:따벌피다, **밥:따발피다**, 뱁:따밸피
  다, 뱁:따벨피다, 빕:따빌피다, 블:따블피다

2-6. 다음과 같은 경우에는 예외적이다.

끌리다[끌 : 리다]

- 꿀:리다, 꼴:리다, 껄:리다, 깔:리다, 깰:리다, 껠:리다, 낄:리다,
  끌:리다

벌리다[벌 : 리다]

- 불:리다, 볼:리다, **벌:리다**, 발:리다, 밸:리다, 벨:리다, 빌:리다,
  블:리다

없애다[업 : 쌔다]

- 움:쌔다, 옵:쌔다, **업:쌔다**, 압:쌔다, 앱:쌔다, 엡:쌔다, 입:쌔다,
  읍:쌔다

다음과 같은 합성어에서는 본디의 길이에 관계없이 짧게 발음한
다. 밀—물, 썰—물, 쏜—살—같이, 작은—아버지

3. 받침의 발음

받침소리로는 'ㄱ, ㄴ, ㄷ, ㄹ, ㅁ, ㅂ, ㅇ'의 7개 자음만 발음한다.

3-1. 받침 'ㄲ, ㅋ', 'ㅅ, ㅆ, ㅈ, ㅊ, ㅌ', 'ㅍ'은 어말 또는 자음 앞에서 각각 대표음 [ㄱ, ㄷ, ㅂ]으로 발음한다.

닦다[닥따]
 • 둑따, 독따, 덕따, **닥따**, 댁따, 덱따, 딕따, 득따

키읔[키윽]
 • 쿠윽, 코윽, 커윽, 카윽, 캐윽, 케윽, **키윽**, 크윽

키읔과[키윽꽈]
 • 쿠윽꽈, 코윽꽈, 커윽꽈, 카윽꽈, 캐윽꽈, 케윽꽈, **키윽꽈**, 크윽꽈

옷[옫]
 • 욷, **옫**, 얻, 앋, 앧, 엗, 읻, 읃

웃다[욷 : 따]
 • **욷:따**, 옫:따, 얻:따, 앋:다, 앧:따, 엗:따, 읻:따, 읃:다

있다[읻따]
 • 욷따, 옫따, 얻따, 앋다, 앧따, 엗따, **읻따**, 읃다

젖[젇]
 • 줃, 졷, **젇**, 잗, 잳, 젣, 짇, 즏

빚다[빋따]
 • 붇따, 볻따, 벋따, 받따, 뱓따, 벧따, **빋다**, 븓따

꽃[꼳]
 • 꾿, **꼳**, 껃, 깓, 깯, 껟, 낃, 끋

쫓다[쫃따]
 • 쭏따, **쫃따**, 쩓따, 짣따, 쨷따, 쩯따, 찓따, 쯛따

솥[솓]

- 숟, 솓, 섣, 삳, 섿, 섿, 싣, 슫

뱉다[밷 : 따]

- 붇:따, 볻:따, 벋:따, 받:따, **밷:따**, 벧:따, 빋:다, 븓:따

앞[압]

- 움, 옵, 업, **압**, 앱, 엡, 입, 읍

덮다[덥따]

- 둡따, 돕따, **덥따**, 답따, 댑따, 뎁따, 딥따, 듭따

3-2. 겹받침 'ᆪ', 'ᆬ', 'ᆲ, ᆳ, ᆴ', 'ᆹ'은 어말 또는 자음 앞에서 각각 [ㄱ, ㄴ, ㄹ, ㅂ]으로 발음한다.

넋[넉]

- 눅, 녹, **넉**, 낙, 넉, 넥, 닉, 늑

넋과[넉꽈]

- 눅꽈, 녹꽈, **넉꽈**, 낙꽈, 낵꽈, 넥꽈, 닉꽈, 늑꽈

앉다[안따]

- 운따, 온따, 언따, **안따**, 앤따, 엔따, 인따, 은따

여덟[여덜]

- 여둘, 여돌, **여덜**, 여달, 여댈, 여델, 여딜, 여들

넓다[널따]

- 눌따, 놀따, **널따**, 날따, 낼따, 넬따, 닐따, 늘따

외곬[외골]

- 외굴, **외골**, 외걸, 외갈, 외갤, 외겔, 외길, 외글

핥다[할따]

- 훌따, 홀따, 헐따, **할따**, 핼따, 헬따, 힐따, 흘따

값[갑]

- 굽, 곱, 겁, **갑**, 갭, 겝, 깁, 급

없다[업 : 따]

- 웁:따, 옵:따, **업:따**, 압:따, 앱:따, 엡:따, 입:따, 읍:따

3-3. 다만, '밟-'은 자음 앞에서 [밥]으로 발음하고, '넓-'은 다음과 같은 경우에 [넙]으로 발음한다.

1)

밟다[밥 : 따]

- 붑:따, 봅:따, 법:따, **밥:따**, 뱁:따, 벱:따, 빕:따, 븝:따

밟소[밥 : 쏘]

- 붑:쏘, 봅:쏘, 법:쏘, **밥:쏘**, 뱁:쏘, 벱:쏘, 빕:쏘, 븝:쏘

밟지[밥 : 찌]

- 붑:찌, 봅:찌, 법:찌, **밥:찌**, 뱁:찌, 벱:찌, 빕:찌, 븝:찌

밟는[밥 : 는→ 밤 : 는]

- 붐:는, 봄:는, 범:는, **밤:는**, 뱀:는, 벰:는, 빔:는, 븜:는

밟게[밥 : 께]

- 붑:께, 봅:께, 법:께, **밥:께**, 뱁:께, 벱:께, 빕:께, 븝:께

밟고[밥 : 꼬]

- 붑:꼬, 봅:꼬, 법:꼬, **밥:꼬**, 뱁:꼬, 벱:꼬, 빕:꼬, 븝:꼬

2)

넓-죽하다[넙쭈카다]

- 눕쭈카다, 놉쭈카다, **넙쭈카다**, 납쭈카다, 냅쭈카다, 넵쭈카다, 닙쭈카다, 늡쭈카다

넓-둥글나[넙뚱글다]

- 눕뚱글다, 놉뚱글다, **넙뚱글다**, 납뚱글다, 냅뚱글다, 넵뚱글다, 닙뚱글다, 늡뚱글다

3-4. 겹받침 'ㄺ, ㄻ, ㄿ'은 어말 또는 자음 앞에서 각각 [ㄱ, ㅁ, ㅂ] 으로 발음한다.

닭[닥]

• 둑, 독, 덕, **닥**, 댁, 덱, 딕, 득

흙과[흑꽈]

• 훅꽈, 혹꽈, 헉꽈, 학꽈, 핵과, 헥과, 힉꽈, **흑꽈**, 훅 – 혹 – 헉 – 학 – 핵 – 헥 – 힉 – 흑

맑다[막따]

• 묵따, 목따, 먹따, **막따**, 맥따, 멕따, 믹따, 믁따, 묵 – 목 – 먹 – 막 – 맥 – 멕 – 믹 – 믁

늙지[늑찌]

• 눅찌, 녹찌, 넉찌, 낙찌, 낵찌, 넥찌, 닉찌, **늑찌**, 눅 – 녹 – 넉 – 낙 – 낵 – 넥 – 닉 – 늑

삶[삼ː]

• 숨ː, 솜ː, 섬ː, **삼ː**, 샘ː, 셈ː, 심ː, 슴ː

젊다[점ː따]

• 줌ː따, 좀ː따, **점ː따**, 잠ː따, 잼ː따, 젬ː따, 짐ː따, 즘ː따, 줌 – 좀 – 점 – 잠 – 잼 – 젬 – 짐 – 즘

읊고[읍꼬]

• 웁꼬, 옵꼬, 업꼬, 압꼬, 앱꼬, 엡꼬, 입꼬, **읍꼬**, 웁 – 옵 – 업 – 압 – 앱 – 엡 – 입 – 읍

읊다[읍따]

• 웁따, 옵따, 업따, 압따, 앱따, 엡따, 입따, **읍따**, 웁 – 옵 – 업 – 압 – 앱 – 엡 – 입 – 읍

3-5. 용언의 어간 말음 'ㄺ'은 'ㄱ'앞에서 [ㄹ]로 발음한다.

맑게[말께]

- 물께, 몰께, 멀께, **말께**, 맬께, 멜께, 밀께, 믈께, 물-몰-멀-말
  -맬-멜-밀-믈

묽고[물꼬]

- 물꼬, **몰꼬**, 멀꼬, 말꼬, 맬꼬, 멜꼬, 밀꼬, 믈꼬, 물-몰-멀-말
  -맬-멜-밀-믈

읽거나[일꺼나]

- 울꺼나, 올꺼나, 얼꺼나, 알꺼나, 앨꺼나, 엘꺼나, **일꺼나**, 을꺼나,
  울-올-얼-알-앨-엘-일-을

받침 'ㅎ'의 발음은 다음과 같다.

3-6. 'ㅎ(ㄶ, ㅀ)' 뒤에 'ㄱ, ㄷ, ㅈ'이 결합되는 경우에는, 뒤 음절 첫소리와 합쳐서 [ㅋ, ㅌ, ㅊ]으로 발음한다.

놓고[노코]

- 누코, **노코**, 너코, 나코, 내코, 네코, 니코, 느코

좋던[조ː턴]

- 주ː턴, **조ː턴**, 저ː턴, 자ː턴, 재ː턴, 제ː턴, 지ː턴, 즈ː턴

쌓지[싸치]

- 쑤치, 쏘치, 써치, **싸치**, 쌔치, 쎄치, 씨치, 쓰치

많고[만ː코]

- 문ː코, 몬ː코, 먼ː코, **만ː코**, 맨ː코, 멘ː코, 민ː코, 믄ː코

않던[안턴]

- 운턴, 온턴, 언턴, **안턴**, 앤턴, 엔턴, 인턴, 은턴

닳지[달치]

- 둘치, 돌치, 덜치, **달치**, 댈치, 델치, 딜치, 들치

3-7. 받침 'ㄱ(ㄲ), ㄷ, ㅂ(ㄼ), ㅈ(ㄵ)'이 뒤 음절 첫소리 'ㅎ'과 결합되는 경우에도, 역시 두 소리를 합쳐서 [ㅋ, ㅌ, ㅍ, ㅊ]으로 발음한다.

각하[가카]
- 구카, 고카, 거카, **가카**, 개카, 게카, 기카, 그카

먹히다[머키다]
- 무키다, 모키다, **머키다**, 마키다, 매키다, 메키다, 미키다, 므키다

밟히다[발피다]
- 불피다, 볼피다, 벌피다, **발피다**, 밸피다, 벨피다, 빌피다, 블피다

맏형[마텽]
- 무텽, 모텽, 머텽, **마텽**, 매텽, 메텽, 미텽, 므텽

좁히다[조피다]
- 주피다, **조피다**, 저피다, 자피다, 재피다, 제피다, 지피다, 즈피다

넓히다[널피다]
- 눌피다, 놀피다, **널피다**, 날피다, 낼피다, 넬피다, 닐피다, 늘피다

꽂히다[꼬치다]
- 꾸치다, **꼬치다**, 꺼치다, 까치다, 깨치다, 께치다, 끼치다, 끄치다

앉히다[안치다]
- 운치다, 온치다, 언치다, **안치다**, 앤치다, 엔치다, 인치다, 은치다

3-8. 규정에 따라 'ㄷ'으로 발음되는 'ㅅ, ㅈ, ㅊ, ㅌ'의 경우에는 이에 준한다.

옷 한 벌[오탄벌]
- 오툰벌, 오톤벌, 오턴벌, **오탄벌**, 오탠벌, 오텐벌, 오틴벌, 오튼벌

낮 한때[나탄때]
- 나툰때, 나톤때, 나턴때, **나탄때**, 나탠때, 나텐때, 나틴때, 나튼때

꽃 한 송이[꼬탄송이]

- 꼬툰송이, 꼬톤송이, 꼬턴송이, **꼬탄송이**, 꼬탠송이, 꼬텐송이, 꼬틴송이, 꼬튼송이

숱하다[수타다]

- 수투다, 수토다, 수터다, **수타다**, 수태다, 수테다, 수티다, 수트다

3-9. 'ㅎ(ㄶ, ㅀ)' 뒤에 'ㅅ'이 결합되는 경우에는, 'ㅅ'을 [ㅆ]으로 발음한다.

닿소[다쏘]

- 다쑤, **다쏘**, 다써, 다싸, 다쌔, 다쎄, 다씨, 다쓰, 다쑤-쏘-써-싸-쌔-쎄-씨-쓰

많소[만쏘]

- 만쑤, **만쏘**, 만써, 만싸, 만쌔, 만쎄, 만씨, 만쓰, 만쑤-쏘-써-싸-쌔-쎄-씨-쓰

싫소[실쏘]

- 실쑤, **실쏘**, 실써, 실싸, 실쌔, 실쎄, 실씨, 실쓰, 실쑤-쏘-써-싸-쌔-쎄-씨-쓰

3-10. 'ㅎ' 뒤에 'ㄴ'이 결합되는 경우에는, [ㄴ]으로 발음한다.

놓는[논는]

- 눈는, **논는**, 넌는, 난는, 낸는, 넨는, 닌는, 는는, 눈-논-넌-난-낸-넨-닌-는

쌓네[싼네]

- 쑨네, 쏜네, 썬네, **싼네**, 쌘네, 쎈네, 씬네, 쓴네, 쑨-쏜-썬-싼-쌘-쎈-씬-쓴

3-11. '⒔, ㄲ' 뒤에 뒤에 모음으로 시작된 어미나 접미사가 결합되는 경우에는, 'ㅎ'을 발음하지 않는다.

(다만, '뚫네[뚤네 → 뚤레], 뚫는[뚤는 → 뚤른]'에 대해서는 표준발음법 제20항을 참조한다.)

않네[안네]
* 운네, 온네, 언네, **안네**, 앤네, 엔네, 인네, 은네, 운 – 온 – 언 – 안 – 앤 – 엔 – 인 – 은

않는[안는]
* 운는, 온는, 언는, **안는**, 앤는, 엔는, 인는, 은는

뚫네[뚤네 → 뚤레]
* **뚤레**, 똘레, 떨레, 딸레, 땔레, 뗄레, 띨레, 뜰레, 뚤 – 똘 – 떨 – 딸 – 땔 – 뗄 – 띨 – 뜰

뚫는[뚤는 → 뚤른]
* **뚤른**, 똘른, 떨른, 딸른, 땔른, 뗄른, 띨른, 뜰른

3-12. 'ㅎ(⒔, ㄲ)' 뒤에 'ㄴ'이 결합되는 경우에는, [ㄴ]으로 발음한다.

낳은[나은]
* 누은, 노은, 너은, **나은**, 내은, 네은, 니은, 느은, 누 – 노 – 너 – 나 – 내 – 네 – 니 – 느

놓아[노아]
* 누아, **노아**, 너아, 나아, 내아, 네아, 니아, 느아

쌓이다[싸이다]
* 쑤이다, 쏘이다, 써이다, **싸이다**, 쌔이다, 쎄이다, 씨이다, 쓰이다,

쑤−쏘−써−싸−쌔−쎄−씨−쓰

많아[마 : 나]

- 무:나, 모:나, 머:나, **먀:나**, 매:나, 메:나, 미:나, 므:나, 무−모−머
−마−매−메−미−므

않은[아는]

- 우는, 오는, 어는, **아는**, 애는, 에는, 이는, 으는, 우−오−어−아
−애−에−이−으

닳아[다라]

- 두라, 도라, 더라, **다라**, 대라, 데라, 디라, 드라

싫어도[시러도]

- 수러도, 소러도, 서러도, 사러도, 새러도, 세러도, **시러도**, 스러도,
수−소−서−사−새−세−시−스

3-13. 홑받침이나 쌍받침이 모음으로 시작된 조사나 어미, 접미사와 결합되는 경우에는, 제 음가대로 뒤 음절 첫소리로 옮겨 발음한다.

깎아[까까]

- 꾸까, 꼬까, 꺼까, **까까**, 깨까, 께까, 끼까, 끄까

옷이[오시]

- 우시, **오시**, 어시, 아시, 애시, 에시, 이시, 으시

있어[이써]

- 우써, 오써, 어써, 아써, 애써, 에써, **이써**, 으써

낮이[나지]

- 누지, 노지, 너지, **나지**, 내지, 네지, 니지, 느지

꽂아[꼬자]

- 꾸자, **꼬자**, 꺼자, 까자, 깨자, 께자, 끼자, 끄자

꽃을[꼬츨]

- 꾸츨, **꼬츨**, 꺼츨, 까츨, 깨츨, 께츨, 끼츨, 끄츨

쫓아[쪼차]

- 쭈차, **쪼차**, 쩌차, 짜차, 째차, 쩨차, 찌차, 쯔차,

밭에[바테]

- 부테, 보테, 버테, **바테**, 배테, 베테, 비테, 브테

앞으로[아프로]

- 우프로, 오프로, 어프로, **아프로**, 애프로, 에프로, 이프로, 으프로

덮이다[더피다]

- 두피다, 도피다, **더피다**, 다피다, 대피다, 데피다, 디피다, 드피다

3-14. 겹받침이 모음으로 시작된 조사나 어미, 접미사와 결합되는 경우에는, 뒤엣것만을 뒤 음절 첫소리로 옮겨 발음한다. (이 경우, 'ㅅ'은 된소리로 발음함.)

넋이[넉씨]

- 눅씨, 녹씨, **넉씨**, 낙씨, 낵씨, 넥씨, 닉씨, 늑씨, 눅-녹-넉-낙 - 낵-넥-닉-늑

앉아[안자]

- 운자, 온자, 언자, **안자**, 앤자, 엔자, 인자, 은자, 운-온-언-안 - 앤-엔-인-은

닭을[달글]

- 둘글, 돌글, 덜글, **달글**, 댈글, 델글, 딜글, 들글, 둘-돌-덜-달 - 댈-델-딜-들

젊어[절머]

- 줄머, 졸머, **절머**, 잘머, 잴머, 젤머, 질머, 즐머, 줄-졸-절-잘 - 잴-젤-질-즐

긁이[글씨]

- 굴씨, **글씨**, 걸씨, 갈씨, 갤씨, 겔씨, 길씨, 글씨, 굴 – 골 – 걸 – 갈
  – 갤 – 겔 – 길 – 글

핥아[할타]

- 홀타, 홀타, 헐타, **할타**, 핼타, 헬타, 힐타, 흘타, 홀 – 홀 – 헐 – 할
  – 핼 – 헬 – 힐 – 흘

읊어[을퍼]

- 울퍼, 올퍼, 얼퍼, 알퍼, 앨퍼, 엘퍼, 일퍼, **을퍼**, 울 – 올 – 얼 – 알
  – 앨 – 엘 – 일 – 을

값을[갑쓸]

- 굽쓸, 곱쓸, 겁쓸, **갑쓸**, 갭쓸, 겝쓸, 깁쓸, 급쓸, 굽 – 곱 – 겁 – 갑
  – 갭 – 겝 – 깁 – 급

없어[업 : 써]

- 웁:써, 옵:써, **업:써**, 압:써, 앱:써, 엡:써, 입:써, 읍:써, 웁 – 옵 – 업
  – 압 – 앱 – 엡 – 입 – 읍

**3-15. 받침 뒤에 모음 'ㅏ, ㅓ, ㅗ, ㅜ, ㅟ'들로 시작되는 실질 형태소
가 연결되는 경우에는, 대표음으로 바꾸어서 뒤 음절 첫소리로
옮겨 발음한다.**

밭 아래[바다래]

- 부다래, 보다래, 버다래, **바다래**, 배다래, 베다래, 비다래, 브다래

늪 앞[느밥]

- 누밥, 노밥, 너밥, 나밥, 내밥, 네밥, 니밥, **느밥**

젖어미[저더미]

- 주더미, 조더미, **저더미**, 자더미, 재더미, 제더미, 지더미, 즈더미

맛없다[마덥다]

238   부록

- 무덥다, 모덥다, 머덥다, **마덥다**, 매덥다, 메덥다, 미덥다, 므덥다

겉옷[거돋]

- 구돈, 고돈, **거돈**, 가돈, 개돈, 게돈, 기돈, 그돈

헛웃음[허두슴]

- 후두슴, 호두슴, **허두슴**, 하두슴, 해두슴, 헤두슴, 히두슴, 흐두슴

꽃 위[꼬뒤]

- 꾸뒤, **꼬뒤**, 꺼뒤, 까뒤, 깨뒤, 께뒤, 끼뒤, 끄뒤

다만, '맛있다, 멋있다'는 [마싣따], [머싣따]로도 발음할 수 있다. 겹받침의 경우에는 그 중 하나만을 옮겨 발음한다. 넋 없다[너겁따], 닭 앞에[다가페], 값어치[가버치], 값있는[가빈는]……

3-16. 한글 자모의 이름은 그 받침소리를 연음하되, 'ㄷ, ㅈ, ㅊ, ㅋ, ㅌ, ㅍ, ㅎ'의 경우에는 특별히 다음과 같이 발음한다.

디귿이[디그시], 디귿에[디그세]

- 디그수, 디그소, 디그서, 디그사, 디그새, **디그세**, **디그시**, 디그스, 디그수-소-서-사-새-세-시-스

디귿을[디그슬]

- 디그술, 디그솔, 디그설, 디그살, 디그샐, 디그셀, 디그실, **디그슬**, 디그술-솔-설-살-샐-셀-실-슬

지읒이[지으시], 지읒에[지으세]

- 지으수, 지으소, 지으서, 지으사, 지으새, **지으세**, **지으시**, 지으스, 지으수-소-서-사-새-세-시-스

지읒을[지으슬]

- 지으술, 지으솔, 지으설, 지으살, 지으샐, 지으셀, 지으실, **지으슬**, 지으술-솔-설-살-샐-셀-실-슬

치읓이[치으시], 치읓에[치으세]

- 치으수, 치으소, 치으서, 치으사, 치으새, **치으세**, **치으시**, 치으스,
  치으수-소-서-사-새-세-시-스

치읓을[치으슬]

- 치으술, 치으솔, 치으설, 치으살, 치으샐, 치으셀, 치으실, **치으슬**,
  치으술-솔-설-살-샐-셀-실-슬

키읔이[키으기], 키읔에[키으게]

- 키으구, 키으고, 키으거, 키으가, 키으개, **키으게**, **키으기**, 키으그,
  키으구-고-거-가-개-게-기-그

키읔을[키으글]

- 키으굴, 키으골, 키으걸, 키으갈, 키으갤, 키으겔, 키으길, **키으글**,
  키으굴-골-걸-갈-갤-겔-길-글

티읕이[티으시], 티읕에[티으세]

- 티으수, 티으소, 티으서, 티으사, 티으새, **티으세**, **티으시**, 티으스,
  티으수-소-서-사-새-세-시-스

티읕을[티으슬]

- 티으술, 티으솔, 티으설, 티으살, 티으샐, 티으셀, 티으실, **티으슬**,
  티으술-솔-설-살-샐-셀-실-슬

피읖이[피으비], 피읖에[피으베]

- 피으부, 피으보, 피으버, 피으바, 피으배, **피으베**, **피으비**, 피으브,
  피으부-보-버-바-배-베-비-브

피읖을[피으블]

- 피으불, 피으볼, 피으벌, 피으발, 피으밸, 피으벨, 피으빌, **피으블**,
  피으불-볼-벌-발-밸-벨-빌-블

히읗이[히으시], 히읗에[히으세]

- 히으수, 히으소, 히으서, 히으사, 히으새, **히으세**, **히으시**, 히으스,

히으수 – 소 – 서 – 사 – 새 – 세 – 시 – 스

히읗을[히으슬]

- 히으술, 히으솔, 히으설, 히으살, 히으샐, 히으셀, 히으실, **히으슬**,

  히으술 – 솔 – 설 – 살 – 샐 – 셀 – 실 – 슬

4. 소리의 동화

4-1. 받침 'ㄷ, ㅌ(ㄾ)'이 조사나 접미사의 모음 'ㅣ'와 결합되는 경우에는, [ㅈ, ㅊ]으로 바꾸어서 뒤 음절 첫소리로 옮겨 발음한다.

곧이듣다[고지듣따]

- 구지듣따, **고지듣다**, 거지듣다, 가지듣다, 개지듣다, 게지듣다,

  기지듣다, 그지듣다

굳이[구지]

- **구지**, 고지, 거지, 가지, 개지, 게지, 기지, 그지

미닫이[미다지]

- 미두지, 미도지, 미더지, **미다지**, 미대지, 미데지, 미디지, 미드지

땀받이[땀바지]

- 땀부지, 땀보지, 땀버지, **땀바지**, 땀배지, 땀베지, 땀비지, 땀브지

밭이[바치]

- 부치, 보치, 버치, **바치**, 배치, 베치, 비치, 브치

벼훑이[벼훌치]

- **벼훌치**, 벼홀치, 벼헐치, 벼할치, 벼핼치, 벼헬치, 벼힐치, 벼흘치

4-2. 'ㄷ' 뒤에 접미사 '히'가 결합되어 '티'를 이루는 것은 [치]로 발음한다.

굳히다[구치다]

- **구치다**, 고치다, 거치다, 가치다, 개치다, 게치다, 기치다, 그치다

닫히다[다치다]

- 두치다, 도치다, 더치다, **다치다**, 대치다, 데치다, 디치다, 드치다

묻히다[무치다]

- **무치다**, 모치다, 머치다, 마치다, 매치다, 메치다, 미치다, 므치다

4-3. 받침 'ㄱ(ㄲ, ㅋ, ㄳ, ㄺ), ㄷ(ㅅ, ㅆ, ㅈ, ㅊ, ㅌ, ㅎ), ㅂ(ㅍ, ㄼ, ㄿ, ㅄ)'은 'ㄴ, ㅁ' 앞에서 [ㅇ, ㄴ, ㅁ]으로 발음한다.

먹는[멍는]

- 뭉는, 몽는, **멍는**, 망는, 맹는, 멩는, 밍는, 믕는

국물[궁물]

- **궁물**, 공물, 겅물, 강물, 갱물, 겡물, 깅물, 긍물

깎는[깡는]

- 꿍는, 꽁는, 껑는, **깡는**, 깽는, 껭는, 낑는, 끙는

키읔만[키응만]

- 키웅만, 키옹만, 키엉만, 키앙만, 키앵만, 키엥만, 키잉만, **키응만**

몫몫이[몽목씨]

- 뭉목씨, **몽목씨**, 멍목씨, 망목씨, 맹목씨, 멩목씨, 밍목씨, 믕목씨

긁는[긍는]

- 궁는, 공는, 겅는, 강는, 갱는, 겡는, 깅는, **긍는**

흙만[흥만]

- 훙만, 홍만, 헝만, 항만, 행만, 헹만, 힝만, **흥만**

닿는[단는]

- 둔는, 돈는, 던는, **단는**, 댄는, 덴는, 딘는, 든는

짓는[진ː는]

- 준:는, 존:는, 전:는, 잔:는, 잰:는, 젠:는, **진:는**, 즌:는

옷맵시[온맵시]

- 운맵시, **온맵시**, 언맵시, 안맵시, 앤맵시, 엔맵시, 인맵시, 은맵시

있는[인는]

- 운는, 온는, 언는, 안는, 앤는, 엔는, **인는**, 은는

맞는[만는]

- 문는, 몬는, 먼는, **만는**, 맨는, 멘는, 민는, 믄는

젖멍울[전멍울]

- 준멍울, 존멍울, **전멍울**, 잔멍울, 잰멍울, 젠멍울, 진멍울, 즌멍울

쫓는[쫀는]

- 쭌는, **쫀는**, 쩐는, 짠는, 짼는, **쩬는**, 찐는, 쯘는

꽃망울[꼰망울]

- 꾼망울, **꼰망울**, 껀망울, 깐망울, 깬망울, 껜망울, 낀망울, 끈망울

붙는[분는]

- **분는**, 본는, 번는, 반는, 밴는, 벤는, 빈는, 븐는

놓는[논는]

- 눈는, **논는**, 넌는, 난는, 낸는, 넨는, 닌는, 는는

잡는[잠는]

- 줌는, 좀는, 점는, **잠는**, 잼는, 젬는, 짐는, 즘는

밥물[밤물]

- 붐물, 봄물, 범물, **밤물**, 뱀물, 벰물, 빔물, 븜물

앞마당[암마당]

- 움마당, 옴마당, 엄마당, **암마당**, 앰마당, 엠마당, 임마당, 음마당

밟는[밤:는]

- 붐:는, 봄:는, 범:는, **밤:는**, 뱀:는, 벰:는, 빔:는, 븜:는

읊는[음는]

- 움는, 옴는, 엄는, 암는, 앰는, 엠는, 임는, **음는**

없는[엄ː는]
- 움ː는, 옴ː는, **엄ː는**, 암ː는, 앰ː는, 엠ː는, 임ː는, 음ː는

값매다[감매다]
- 굼매다, 곰매다, 검매다, **감매다**, 갬매다, 겜매다, 김매다, 금매다

4-4. 두 단어를 이어서 한 마디로 발음하는 경우에도 이와 같다.

책 넣는다[챙넌는다]
- 충넌는다, 총넌는다, 청넌는다, 창넌는다, **챙넌는다**, 쳉넌는다, 칭넌는다, 충넌는다

흙 말리다[흥말리다]
- 홍말리다, 홍말리다, 헝말리다, 항말리다, 행말리다, 헹말리다, 힝말리다, **흥말리다**

옷 맞추다[온마추다]
- 운마추다, **온마추다**, 언마추다, 안마추다, 앤마추다, 엔마추다, 인마추다, 은마추다

밥 먹는다[밤멍는다]
- 붐멍는다, 봄멍는다, 범멍는다, **밤멍는다**, 뱀멍는다, 벰멍는다, 빔멍는다, 븜멍는다

값 매기다[감매기다]
- 굼매기다, 곰매기다, 검매기다, **감매기다**, 갬매기다, 겜매기다, 김매기다, 금매기다

4-5. 받침 'ㅁ, ㅇ' 뒤에 연결되는 'ㄹ'은 [ㄴ]으로 발음한다.

담력[담ː녁]
- 둠ː녁, 돔ː녁, 덤ː녁, **담ː녁**, 댐ː녁, 뎀ː녁, 딤ː녁, 듬ː녁

침략[침냑]

- 춤냑, 촘냑, 첨냑, 참냑, 챔냑, 챔냑, **침냑**, 츰냑

강릉[강능]

- 궁능, 공능, 경능, **강능**, 갱능, 겡능, 깅능, 긍능

항로[항 : 노]

- 훙:노, 홍:노, 헝:노, **항:노**, 행:노, 헹:노, 힝:노, 홍:노

대통령[대 : 통녕]

- 대:퉁녕, **대:통녕**, 대:텅녕, 대:탕녕, 대:탱녕, 대:텡녕, 대:팅녕, 대:틍녕

4-6. 받침 'ㄱ, ㅂ' 뒤에 연결되는 'ㄹ'도 [ㄴ]으로 발음한다.

막론[막논→ 망논]

- 뭉논, 몽논, 멍논, **망논**, 맹논, 멩논, 밍논, 믕논

백리[백니→ 뱅니]

- 붕니, 봉니, 벙니, 방니, **뱅니**, 벵니, 빙니, 븡니

협력[협녁→ 혐녁]

- 훔녁, 흠녁, **혐녁**, 함녁

십리[십니→ 심니]

- 숨니, 솜니, 섬니, 삼니, 샘니, 셈니, **심니**, 슴니

4-7. 'ㄴ'은 'ㄹ'의 앞이나 뒤에서 [ㄹ]로 발음한다.

1〉

난로[날 : 로]

- 날:루, **날:로**, 날:러, 날:라, 날:래, 날:레, 날:리, 날:르

신라[실라]

- 실루, 실로, 실러, **실라**, 실래, 실레, 실리, 실르

천리[철리]

- 철루, 철로, 철러, 철라, 철래, 철레, **철리**, 철르

광한루[광 : 할루]

- **광:할루**, 광:할로, 광:할러, 광:할라, 광:할래, 광:할레, 광:할리, 광:할르

대관령[대 : 괄령]

- 대:괄륭, 대:괄룡, **대:괄령**, 대:괄량

2〉

칼날[칼랄]

- 칼룰, 칼롤, 칼럴, **칼랄**, 칼랠, 칼렐, 칼릴, 칼를

물난리[물랄리]

- 물룰리, 물롤리, 물럴리, **물랄리**, 물랠리, 물렐리, 물릴리, 물를리

줄넘기[줄럼끼]

- 줄룸끼, 줄롬끼, **줄럼끼**, 줄람끼, 줄램끼, 줄렘끼, 줄림끼, 줄름끼

할는지[할른지]

- 할룬지, 할론지, 할런지, 할란지, 할랜지, 할렌지, 할린지, **할른지**

4-8. 첫소리 'ㄴ'이 'ㅀ, ㄾ' 뒤에 연결되는 경우에도 이에 준한다.

닳는[달른]

- 달룬, 달론, 달런, 달란, 달랜, 달렌, 달린, **달른**

뚫는[뚤른]

- 뚤룬, 뚤론, 뚤런, 뚤란, 뚤랜, 뚤렌, 뚤린, **뚤른**

핥네[할레]

- 할루, 할로, 할러, 할라, 할래, **할레**, 할리, 할르

4-9. 다만, 다음과 같은 단어들은 'ㄹ'[ㄴ]으로 발음한다.

의견란[의 : 견난]

- 의:견눈, 의:견논, 의:견년, **의:견난**, 의:견낸, 의:견넨, 의:견닌, 의:견는

임진란[임 : 진난]

- 임:진눈, 임:진논, 임:진년, **임:진난**, 임:진낸, 임:진넨, 임:진닌, 임:진는

생산량[생산냥]

- 생산늉, 생산농, 생산녕, **생산냥**, 생산냉, 생산녱, 생산능, 생산닝

결단력[결딴녁]

- 결딴늉, 결딴녹, **결딴녁**, 결딴냑, 결딴낵, 결딴녝, 결딴닉, 결딴늑

공권력[공꿘녁]

- 공꿘늉, 공꿘녹, **공꿘녁**, 공꿘냑, 공꿘낵, 공꿘녝, 공꿘닉, 공꿘늑

동원령[동 : 원녕]

- 동:원늉, 동:원농, **동:원녕**, 동:원냥, 동:원냉, 동:원녱, 동:원닝, 동:원능

상견례[상견녜]

- 상견뉴, 상견녀, 상견녀, 상견냐, 상견내, **상견녜**, 상견니, 상견느

횡단로[횡단노]

- 횡단누, **횡단노**, 횡단너, 횡단나, 횡단내, 횡단네, 횡단니, 횡단느

이원론[이 : 원논]

- 이:원눈, **이:원논**, 이:원년, 이:원난, 이:원낸, 이:원넨, 이:원닌, 이:원는

입원료[이붠뇨]

- 이붠뉴, **이붠뇨**, 이붠녀, 이붠냐, 이붠내, 이붠네, 이붠니, 이붠느

구근류[구근뉴]

- **구근뉴**, 구근뇨, 구근녀, 구근냐, 구근내, 구근네, 구근니, 구근느

4-10. 위에서 지적한 이외의 자음 동화는 인정하지 않는다.

감기[감:기](×[강:기])

- 감:구, 감:고, 감:거, 감:가, 감:개, 감:게, **감:기**, 감:그

옷감[옫깜](×[옥깜])

- 옫꿈, 옫꼼, 옫껌, **옫깜**, 옫깸, 옫껨, 옫낌, 옫끔

있고[읻꼬](×[익꼬])

- 읻꾸, **읻꼬**, 읻꺼, 읻까, 읻깨, 읻께, 읻끼, 읻끄

꽃길[꼳낄](×[꼭낄])

- 꼳꿀, 꼳꼴, 꼳껼, 꼳깔, 꼳깰, 꼳껠, **꼳낄**, 꼳끌

젖먹이[전머기](×[점머기])

- 전무기, 전모기, **전머기**, 전마기, 전매기, 전메기, 전미기, 전므기

문법[문뻡](×[뭄뻡])

- 문뿝, 문뽑, **문뻡**, 문뺍, 문뻡, 문뻽, 문뻽, 문뿜

꽃밭[꼳빧](×[꼽빧])

- 꼳뿥, 꼳뽑, 꼳뻗, **꼳빧**, 꼳뺃, 꼳뻳, 꼳삣, 꼳쁟

4-11. 다음과 같은 용언의 어미는 [어]로 발음함을 원칙으로 하되, [여]로 발음함도 허용한다.

피어[피어/피여]

- 피우피유, 피오피요, **피어피여**, 피아피야, 피애피얘, 피에피예, 피이피의, 피으피의

되어[되어/되여]

- 되우되유, 되오되요, **되어되여**, 되아되야, 되애되얘, 되에되예, 되이되의, 되으되의

; '이오, 아니오'도 이에 준하여 [이요, 아니요]로 발음함을 허용한다.

5. 된소리되기

5-1. 받침 '¬(ㄲ, ㅋ, ㄳ, ㄺ), ㄷ(ㅅ, ㅆ, ㅈ, ㅊ, ㅌ), ㅂ(ㅍ, ㄼ, ㄿ, ㅄ)' 뒤에 연결되는 '¬, ㄷ, ㅂ, ㅅ, ㅈ'은 된소리로 발음한다.

국밥[국빱]

 • 국뿝, 국뽑, 국뻡, **국뻡**, 국뼙, 국뾉, 국뼵, 국쀱

깎다[깍따]

 • 깍뚜, 깍또, 깍떠, **깍따**, 깍때, 깍떼, 깍띠, 깍뜨

넋받이[넉빠지]

 • 넉뿌찌, 넉뽀찌, 넉뻐찌, **넉빠찌**, 넉빼찌, 넉뻬찌, 넉뼈찌, 넉쁘찌

삯돈[삭똔]

 • 삭뚠, **삭똔**, 삭떤, 삭딴, 삭땐, 삭뗀, 삭띤, 삭뜬

닭장[닥짱]

 • 닥쭝, 닥쫑, 닥쩡, **닥짱**, 닥쨍, 닥쪵, 닥찡, 닥쯩

칡범[칙뻠]

 • 칙뿜, 칙뽐, **칙뻠**, 칙빰, 칙뺌, 칙뻼, 칙뼘, 칙쁨

뻗대다[뻗때다]

 • 뻗뚜다, 뻗또다, 뻗떠다, 뻗따다, **뻗때다**, 뻗떼다, 뻗띠다, 뻗뜨다

옷고름[옫꼬름]

 • 옫꾸름, **옫꼬름**, 옫꺼름, 옫까름, 옫깨름, 옫께름, 옫끼름, 옫끄름

있던[읻떤]

 • 읻뚠, 읻똔, **읻떤**, 읻딴, 읻땐, 읻뗀, 읻띤, 읻뜬

꽂고[꼳꼬]

 • 꼳꾸, **꼳꼬**, 꼳꺼, 꼳까, 꼳깨, 꼳께, 꼳끼, 꼳끄

꽃다발[꼳따발]

 • 꼳뚜발, 꼳또발, 꼳떠발, **꼳따발**, 꼳때발, 꼳떼발, 꼳띠발, 꼳뜨발

낯설다[낟썰다]

- 난쑬다, 난쏠다, **낟썰다**, 난쌀다, 난쌜다, 난쎌다, 난씰다, 난쓸다

밭갈이[받까리]

- 받꾸리, 받꼬리, 받꺼리, **받까리**, 받깨리, 받께리, 받끼리, 받끄리

솔전[솓쩐]

- 솓쭌, 솓쫀, **솓쩐**, 솓짠, 솓쟁, 솓쩨, 솓찐, 솓쯘

곱돌[곱똘]

- 곱뚤, **곱똘**, 곱떨, 곱딸, 곱땔, 곱뗄, 곱띨, 곱뜰

덮개[덥깨]

- 덥꾸, 덥꼬, 덥꺼, 덥까, **덥깨**, 덥께, 덥끼, 덥끄

옆집[엽찝]

- 엽쭙, 엽쫍, 엽쩝, 엽짭, 엽쨉, 엽쩹, **엽찝**, 엽쯥

넓죽하다[넙쭈카다]

- **넙쭈카다**, 넙쪼카다, 넙쩌카다, 넙짜카다, 넙째카다, 넙쩨카다, 넙찌카다, 넙쯔카다

읊조리다[읍쪼리다]

- 읍쭈리다, **읍쪼리다**, 읍쩌리다, 읍짜리다, 읍째리다, 읍쩨리다, 읍찌리다, 읍쯔리다

값지다[갑찌다]

- 갑쭈다, 갑쪼다, 갑쩌다, 갑짜다, 갑째다, 갑쩨다, **갑찌다**, 갑쯔다

5-2. 어간 받침 'ㄴ(ㄵ), ㅁ(ㄻ)' 뒤에 결합되는 어미의 첫소리 'ㄱ, ㄷ, ㅅ, ㅈ'은 된소리로 발음한다.

신고[신꼬]

- 신꾸, **신꼬**, 신꺼, 신까, 신깨, 신께, 신끼, 신끄

껴안다[껴안따]

- 껴안뚜, 껴안또, 껴안떠, **껴안따**, 껴안때, 껴안떼, 껴안띠, 껴안뜨

앉고[안꼬]

- 안꾸, **안꼬**, 안꺼, 안까, 안깨, 안께, 안끼, 안끄

없다[언따]

- 언뚜, 언또, 언떠, **언따**, 언때, 언떼, 언띠, 언뜨

삼고[삼 : 꼬]

- 삼:꾸, **삼:꼬**, 삼:꺼, 삼:까, 삼:깨, 삼:께, 삼:끼, 삼:끄

더듬지[더듬찌]

- 더듬쭈, 더듬쪼, 더듬쩌, 더듬짜, 더듬째, 더듬쩨, **더듬찌**, 더듬쯔

닮고[담 : 꼬]

- 담:꾸, **담:꼬**, 담:꺼, 담:까, 담:깨, 담:께, 담:끼, 담:끄

젊지[점 : 찌]

- 점:쭈, 점:쪼, 점:쩌, 점:짜, 점:째, 점:쩨, **점:찌**, 점:쯔

5-3. 다만, 피동, 사동의 접미사 '-기-'는 된소리로 발음하지 않는다.

안기다

- 안구다, 안고다, 안거다, 안가다, 안개다, 안게다, **안기다**, 안그다

감기다

- 감구다, 감고다, 감거다, 감가다, 감개다, 감게다, **감기다**, 감그다

굶기다

- 굶구다, 굶고다, 굶거다, 굶가다, 굶개다, 굶게다, **굶기다**, 굶그다

옮기다

- 옮구다, 옮고다, 옮거다, 옮가다, 옮개다, 옮게다, **옮기다**, 옮그다

5-4. 어간 받침 'ㄼ, ㄾ' 뒤에 결합되는 어미의 첫소리 'ㄱ, ㄷ, ㅅ, ㅈ'은 된소리로 발음한다.

넓게[널께]

- 널꾸, 널꼬, 널꺼, 널까, 널깨, **널께**, 널끼, 널끄

핥다[할따]

- 할뚜, 할또, 할떠, **할따**, 할때, 할떼, 할띠, 할뜨

훑소[훌쏘]

- 훌쑤, **훌쏘**, 훌써, 훌싸, 훌쌔, 훌쎄, 훌씨, 훌쓰

떫지[떨 : 찌]

- 떨:쭈, 떨:쪼, 떨:쩌, 떨:짜, 떨:째, 떨:쩨, **떨:찌**, 떨:쯔

5-5. 한자어에서, 'ㄹ' 받침 뒤에 연결되는 'ㄷ, ㅅ, ㅈ'은 된소리로 발음한다.

다만, 같은 한자가 겹쳐진 단어의 경우에는 된소리로 발음하지 않는다. 허허실실[허허실실](虛虛實實), 절절하다[절절하다](切切)……

갈등[갈뜽]

- 갈뚱, 갈똥, 갈떵, 갈땅, 갈땡, 갈뗑, 갈떵, **갈뜽**

발동[발똥]

- 발뚱, **발똥**, 발떵, 발땅, 발땡, 발뗑, 발떵, 발뜽

절도[절또]

- 절뚜, **절또**, 절떠, 절따, 절때, 절때, 절띠, 절뜨

말살[말쌀]

- 말쑬, 말쏠, 말썰, **말쌀**, 말쌜, 말쎌, 말씰, 말쓸

불소[불쏘]

- 불쑤, **불쏘**, 불써, 불싸, 불쌔, 불쎄, 불씨, 불쓰

일시[일씨]

- 일쑤, 일쏘, 일써, 일싸, 일쌔, 일쎄, **일씨**, 일쓰

갈증[갈쯩]

- 갈쭝, 갈쫑, 갈쩡, 갈짱, 갈쨍, 갈쩽, 갈찡, **갈쯩**

물질[물찔]

- 물쭐, 물쫄, 물쩔, 물짤, 물쨀, 물쩰, **물찔**, 물쯜

발전[발쩐]

- 발쭌, 발쫀, **발쩐**, 발짠, 발짼, 발쪤, 발찐, 발쯘

몰상식[몰쌍식]

- 몰쑹식, 몰쏭식, 몰썽식, **몰쌍식**, 몰쨍식, 몰쎙식, 몰씽식, 몰씅식

불세출[불쎄출]

- 불쑤출, 불쏘출, 불써출, 불싸출, 불쌔출, **불쎄출**, 불씨출, 불쓰출

5-6. 관형사형 '-[으]ㄹ' 뒤에 연결되는 'ㄱ, ㄷ, ㅂ, ㅅ, ㅈ'은 된소리로 발음한다. (다만, 끊어서 말할 적에는 예사소리로 발음한다.)

할 것을[할꺼슬]

- **할꾸슬**, 할꼬슬, 할꺼슬, 할까슬, 할깨슬, 할께슬, 할끼슬, 할끄슬

갈 데가[갈떼가]

- 갈뚜가, 갈또가, 갈떠가, 갈따가, 갈때가, **갈떼가**, 갈띠가, 갈뜨가

할 바를[할빠를]

- 할뿌를, 할뽀를, 할뻐를, **할빠를**, 할빼를, 할뻬를, 할삐를, 할쁘를

할 수는[할쑤는]

- **할쑤는**, 할쏘는, 할써는, 할싸는, 할쎄는, 할쎄는, 할씨는, 할쓰는

할 적에[할쩌게]

- 할쭈게, 할쪼게, **할쩌게**, 할짜게, 할째게, 할쩨게, 할찌게, 할쯔게

갈 곳[갈꼳]

- 갈꾿, **갈꼳**, 갈껃, 갈깓, 갈깯, 갈껟, 갈낃, 갈끋

할 도리[할또리]

- 할뚜리, **할또리**, 할떠리, 할따리, 할때리, 할떼리, 할띠리, 할뜨리

만날 사람[만날싸람]

- 만날쑤람, 만날쏘람, 만날써람, **만날싸람**, 만날쌔람, 만날쎄람, 만날씨람, 만날쓰람

5-7. '-(으)ㄹ'로 시작되는 어미의 경우에도 이에 준한다.

할걸[할껄]

- 할꿀, 할꼴, **할껄**, 할깔, 할깰, 할껠, 할낄, 할끌

할밖에[할빠께]

- 할뿌께, 할뽀께, 할뻐께, **할빠께**, 할빼께, 할뻬께, 할삐께, 할쁘께

할세라[할쎄라]

- 할쑤라, 할쏘라, 할써라, 할싸라, 할쌔라, **할쎄라**, 할씨라, 할쓰라

할수록[할쑤록]

- **할쑤록**, 할쏘록, 할써록, 할싸록, 할쌔록, 할쎄록, 할씨록, 할쓰록

할지라도[할찌라도]

- 할쭈라도, 할쬬라도, 할쩌라도, 할짜라도, 할째라도, 할쩨라도, **할찌라도**, 할쯔라도

할지언정[할찌언정]

- 할쭈언정, 할쬬언정, 할쩌언정, 할짜언정, 할째언정, 할쩨언정, **할찌언정**, 할쯔언정

할진대[할찐대]

- 할쭌대, 할쫀대, 할쩐대, 할짠대, 할쨴대, 할쪤대, **할찐대**, 할쯘대

5-8. 표기상으로는 사이시옷이 없더라도, 관형격 기능을 지니는 사이시옷이 있어야 할(휴지가 성립되는) 합성어의 경우에는, 뒤 단

어의 첫소리 'ㄱ, ㄷ, ㅂ, ㅅ, ㅈ'을 된소리로 발음한다.

문 - 고리[문꼬리]

• 문구리, **문꼬리**, 문꺼리, 문까리, 문깨리, 문께리, 문끼리, 문끄리

눈 - 동자[눈똥자]

• 눈뚱자, **눈똥자**, 눈떵자, 눈땅자, 눈땡자, 눈뗑자, 눈떵자, 눈뜽자

신 - 바람[신빠람]

• 신뿌람, 신뽀람, 신뻐람, **신빠람**, 신빼람, 신뻬람, 신삐람, 신쁘람

산 - 새[산쌔]

• 산쑤, 산쏘, 산써, 산싸, **산쌔**, 산쎄, 산씨, 산쓰

손 - 재주[손째주]

• 손쭈주, 손쪼주, 손쩌주, 손짜주, **손째주**, 손쩨주, 손찌주, 손쯔주

길 - 가[길까]

• 길꾸, 길꼬, 길꺼, **길까**, 길깨, 길께, 길끼, 길끄

물 - 동이[물똥이]

• 물뚱이, **물똥이**, 물떵이, 물땅이, 물땡이, 물뗑이, 물떵이, 물뜽이

발 - 바닥[발빠닥]

• 발뿌닥, 발뽀닥, 발뻐닥, **발빠닥**, 발빼닥, 발뻬닥, 발삐닥, 발쁘닥

굴 - 속[굴 : 쏙]

• 굴:쑥, **굴:쏙**, 굴:썩, 굴:싹, 굴:쌕, 굴:쎅, 굴:씩, 굴:쓱

술 - 잔[술짠]

• 술쭌, 술쫀, 술쩐, **술짠**, 술짼, 술쩬, 술찐, 술쯘

바람 - 결[바람껼]

• 바람꿀, 바람꿀, **바람껼**, 바람꺌, 바람깰, 바람껼, 바람끨

그믐 - 달[그믐딸]

• 그믐뚤, 그믐똘, 그믐떨, **그믐딸**, 그믐땔, 그믐뗄, 그믐떨, 그믐뜰

아침 - 밥[아침빱]

- 아침뽑, 아침뽑, 아침뺍, 아침빱, 아침뺍, 아침뺍, 아침뺍, 아침뺍

잠 - 자리[잠짜리]
- 잠쭈리, 잠쪼리, 잠쩌리, 잠짜리, 잠째리, 잠쩨리, 잠찌리, 잠쯔리

강가[강까]
- 강꾸, 강꼬, 강꺼, 강까, 강깨, 강께, 강끼, 강끄

초승 - 달[초승딸]
- 초승뚤, 초승똘, 초승떨, 초승딸, 초승땔, 초승뗄, 초승띨, 초승뜰

등 - 불[등뿔]
- 등뿔, 등뽈, 등뻘, 등빨, 등뺄, 등뼬, 등삘, 등쁠

창 - 살[창쌀]
- 창쑬, 창쏠, 창썰, 창쌀, 창쌜, 창쎌, 창씰, 창쓸

강 - 줄기[강쭐기]
- 강쭐기, 강쫄기, 강쩔기, 강짤기, 강짼기, 강쩰기, 강찔기, 강쯜기

6. 소리의 첨가

6-1. 합성어 및 파생어에서, 앞 단어나 접두사의 끝이 자음이고 뒤 단어나 접미사의 첫 음절이 '이, 야, 여, 요, 유'인 경우에는, 'ㄴ' 소리를 첨가하여 [니, 냐, 녀, 뇨, 뉴]로 발음한다.

솜 - 이불[솜 : 니불]
- 솜ː누불, 솜ː노불, 솜ː너불, 솜ː나불, 솜ː내불, 솜ː네불, 솜ː니불, 솜ː느불

홑 - 이불[혼니불]
- 혼누불, 혼노불, 혼너불, 혼나불, 혼내불, 혼네불, 혼니불, 혼느불

막 - 일[망닐]

- 망눌, 망눌, 망널, 망날, 망낼, 망넬, **망닐**, 망늘

삯-일[상닐]

- 상눌, 상눌, 상널, 상날, 상낼, 상넬, **상닐**, 상늘

맨-입[맨닙]

- 맨눕, 맨눕, 맨넙, 맨납, 맨냅, 맨넵, **맨닙**, 맨늅

꽃-잎[꼰닙]

- 꼰눕, 꼰눕, 꼰넙, 꼰납, 꼰냅, 꼰넵, **꼰닙**, 꼰늅

내복-약[내ː봉냑]

- 내ː봉뉴, 내ː봉뉵, 내ː봉녁, **내ː봉냑**, 내ː봉냭, 내ː봉녁,
  내ː봉닉

색-연필[생년필]

- 생뉸필, 생뉸필, **생년필**, 생냔필, 생냰필, 생년필, 생닌필

직행-열차[지캥녈차]

- 지캥뉼차, 지캥뉼차, **지캥녈차**, 지캥냘차, 지캥냴차, 지캥녤차,
  지캥닐차

늑막-염[늑망념]

- 능망뉴, 능망뉵, **능망념**, 능망냠, 능망냼, 능망넴, 능망님

콩-엿[콩녇]

- 콩뉻, 콩뉻, **콩녇**, 콩냗, 콩냳, 콩녵, 콩닉

담-요[담ː뇨]

- 담ː뉴, **담ː뇨**, 담ː녀, 담ː냐, 담ː내, 담ː녜, 담ː늬

눈-요기[눈뇨기]

- 눈뉴기, **눈뇨기**, 눈녀기, 눈냐기, 눈내기, 눈녜기, 눈늬기

영업-용[영엄뇽]

- 영엄뉵, **영엄뇽**, 영엄녕, 영엄냥, 영엄냉, 영엄녱, 영엄닝

식용-유[시공뉴]

- **시콩뉴**, 시콩뇨, 시콩녀, 시콩냐, 시콩내, 시콩네, 시콩늬

국민－윤리[궁민뉼리]

- **궁민뉼리**, 궁민뇰리, 궁민녈리, 궁민냘리, 궁민냴리, 궁민녤리, 궁민늴리

밤－윗[밤ː눞]

- **밤ː눞**, 밤ː뇬, 밤ː녇, 밤ː냗, 밤ː냳, 밤ː녇, 밤ː늳

6-2. 다만, 다음과 같은 말들은 'ㄴ'소리를 첨가하여 발음하되, 표기 대로 발음할 수 있다.

이죽－이죽[이중니죽/이주기죽]

- 이중누죽이주구죽, 이중노죽이주고죽, 이중너죽이주거죽, 이중나죽이주가죽, 이중내죽이주개죽, 이중네죽이주게죽, **이중니죽이주기죽**, 이중느죽이주그죽

야금－야금[야금냐금/야그먀금]

- 야금뉴금야그뮤금, 야금뇨금야그묘금, 야금녀금야그며금, **야금냐금야그먀금**, 야금내금야그매금, 야금녜금야그메금, 야금늬금야그믜금

검열[검ː녈/거ː멸]

- 검ː뉼거ː뮬, 검ː뇰거ː묠, **검ː녈거ː멸**, 검ː냘거ː먈, 검ː냴거ː맬, 검ː녤거ː멜, 검ː늴거ː믤

욜랑－욜랑[욜랑뇰랑/욜랑욜랑]

- 욜랑뉼랑욜랑율랑, **욜랑뇰랑욜랑욜랑**, 욜랑녈랑욜랑열랑, 욜랑냘랑욜랑얄랑, 욜랑냴랑욜랑얠랑, 욜랑녤랑욜랑옐랑, 욜랑늴랑욜랑욀랑

금융[금늉/그뮹]

- **금늉그뮹**, 금뇽그묭, 금녕그명, 금냥그먕, 금냉그먱, 금녱그몡,

6-3. 'ㄹ'받침 뒤에 첨가되는 'ㄴ'소리는 [ㄹ]로 발음한다.

들-일[들릴]

• 들룰, 들롤, 들럴, 들랄, 들랠, 들렐, **들릴**, 들를

솔-잎[솔립]

• 솔룹, 솔롭, 솔럽, 솔랍, 솔랩, 솔렙, **솔립**, 솔릅

설-익다[설릭따]

• 설룩따, 설록따, 설럭따, 설락따, 설랙따, 설렉따, **설릭따**, 설륵따

물-약[물략]

• 물류, 물룍, 물력, **물략**, 물럑, 물력, 물릭

불-여우[불려우]

• 불류우, 불료우, **불려우**, 불랴우, 불래우, 불례우, 불릐우

서울-역[서울력]

• 서울류, 서울룍, **서울력**, 서울럑, 서울럭, 서울력, 서울릭

물-엿[물렫]

• 물륜, 물룐, **물렫**, 물럍, 물럙, 물렌, 물릔

휘발-유[휘발류]

• **휘발류**, 휘발료, 휘발려, 휘발랴, 휘발래, 휘발례, 휘발릐

유들-유들[유들류들]

• **유들류들**, 유들료들, 유들려들, 유들랴들, 유들래들, 유들래들,
  유들릐들

6-4. 두 단어를 이어서 한 마디로 발음하는 경우에도 이에 준한다.

한 일[한닐]

• 한눌, 한놀, 한널, 한날, 한낼, 한넬, **한닐**, 한늘

옷 입다[온닙따]

• 온뉴따, 온뇨따, 온녑따, 온냡따, 온냽따, 온녭따, **온닙따**, 온늡따

서른여섯[서른녀섣]

• 서른뉴섣, 서른뇨섣, **서른녀섣**, 서른냐섣, 서른내섣, 서른녜섣,
  서른늬섣

3연대[삼년대]

• 삼뉴대, 삼뇨대, **삼년대**, 삼냐대, 삼냬대, 삼녜대, 삼닌대

먹은 엿[머근녇]

• 머근뉻, 머근뇯, **머근녇**, 머근냗, 머근냩, 머근녵, 머근닏

할 일[할릴]

• 할률, 할롤, 할럴, 할랄, 할랠, 할렐, **할릴**, 할를

잘 입다[잘립따]

• 잘륩따, 잘롭따, 잘럽따, 잘랍따, 잘랩따, 잘렙따, **잘립따**, 잘릅따

스물여섯[스물려섣]

• 스물류섣, 스물료섣, **스물려섣**, 스물랴섣, 스물래섣, 스물례섣,
  스물리섣

1연대[일련대]

• 일륜대, 일론대, **일련대**, 일랸대, 일랜대, 일렌대, 일륀대

먹을 엿[머글렫]

• 머글륜, 머글론, **머글렫**, 머글럍, 머글랟, 머글렌, 머글륃

다만, 다음과 같은 단어에서는 'ㄴ(ㄹ)'소리를 첨가하여 발음하지
않는다. 6 · 25[유기오], 3 · 1절[사밀쩔], 송별 - 연[송ː벼련], 등용 -
문[등용문]······.

6-5. 사이시옷이 붙는 단어는 다음과 같이 발음한다. 'ㄱ, ㄷ, ㅂ, ㅅ,

ㅈ'으로 시작되는 단어 앞에 사이시옷이 올 때에는 이들 자음만을 된소리로 발음하는 것을 원칙으로 하되, 사이시옷을 [ㄷ]으로 발음하는 것도 허용한다.

냇가[내ː까/낻ː까]

- 누ː까눋ː까, 노ː까녿ː까, 너ː까넏ː까, 나ː까낟ː까, **내ː까낻ː까**, 네ː까넫ː까, 니ː까닏ː까, 느ː까는ː까

샛길[새ː낄/샏ː낄]

- 쑤ː낄쑫ː낄, 쏘ː낄쏟ː낄, 써ː낄썯ː낄, 싸ː낄쌀ː낄, **쎄ː낄쎋ː낄**, 쎄ː낄쎋ː낄, 씨ː낄씓ː낄, 쓰ː낄씇ː낄

빨랫돌[빨래똘/빨랟똘]

- 빨루똘빨룯똘, 빨로똘빨롣똘, 빨러똘빨럳똘, 빨라똘빨랃똘, **빨래똘빨랟똘**, 빨레똘빨렏똘, 빨리똘빨릳똘, 빨르똘빨륻똘

콧등[코뜽/콛뜽]

- 쿠뜽쿧뜽, **코뜽콛뜽**, 커뜽컫뜽, 카뜽칻뜽, 캐뜽캗뜽, 케뜽켇뜽, 키뜽킫뜽, 크뜽큳뜽

깃발[기빨/긷빨]

- 구빨굳빨, 고빨곧빨, 거빨걷빨, 가빨갇빨, 개빨갣빨, 게빨겓빨, **기빨긷빨**, 그빨귿빨

대팻밥[대ː패빱/대ː팯빱]

- 대ː푸빱대ː푿빱, 대ː포빱대ː폳빱, 대ː퍼빱대ː펃빱, 대ː파빱대ː팓빱, **대ː패빱대ː팯빱**, 대ː피빱대ː핃빱, 대ː피빱대ː핃빱, 대ː프빱대ː픋빱

햇살[해쌀/핻쌀]

- 후쌀훋쌀, 호쌀홑쌀, 허쌀헏쌀, 하쌀핟쌀, **해쌀핻쌀**, 헤쌀헫쌀, 히쌀힏쌀, 흐쌀흗쌀

뱃속[배쏙/밷쏙]

- 부쏙분쏙, 보쏙본쏙, 버쏙번쏙, 바쏙반쏙, **배쏙밴쏙**, 베쏙벤쏙, 비쏙빈쏙, 브쏙븐쏙

뱃전[배쩐/밷쩐]

- 부쩐분쩐, 보쩐본쩐, 버쩐번쩐, 바쩐반쩐, **배쩐밷쩐**, 베쩐벤쩐, 비쩐빈쩐, 브쩐븐쩐

고갯짓[고개찓/고갣찓]

- 고구찓고군찓, 고고찓고곤찓, 고거찓고건찓, 고가찓고간찓, **고개 찓고갣찓**, 고게찓고겐찓, 고기찓고긴찓, 고그찓고근찓

6-6. 사이시옷 뒤에 'ㄴ, ㅁ'이 결합되는 경우에는 [ㄴ]으로 발음한다.

날[콘날→ 콘날]

- 쿤날, **콘날**, 컨날, 칸날, 캔날, 켄날, 킨날, 큰날

아랫니[아랟니→ 아랜니]

- 아룬니, 아론니, 아런니, 아란니, **아랜니**, 아렌니, 아린니, 아른니

툇마루[퇻 : 마루→ 퇸 : 마루]

- 퉨:마루, **퇸:마루**, 탠:마루, 텐:마루, 틴:마루, 튼:마루, 퇸:마루

뱃머리[밷머리→ 밴머리]

- 분머리, 본머리, 번머리, 반머리, **밴머리**, 벤머리, 빈머리, 븐머리

6-7. 사이시옷 뒤에 '이'소리가 결합되는 경우에는 [ㄴㄴ]으로 발음 한다.

베갯잇[베갣닏→ 베갠닏]

- 베군닏, 베곤닏, 베건닏, 베간닏, **베갠닏**, 베겐닏, 베긴닏, 베근닏

깻잎[깯입→ 깬닙]

- 꾼닙, 꼰닙, 껀닙, 깐닙, **깬닙**, 껜닙, 낀닙, 끈닙

나뭇잎[나묻입→ 나문닙]

- **나뭇닙**, 나묻닙, 나먿닙, 나맏닙, 나맫닙, 나멛닙, 나믿닙, 나믇닙

도리깻열[도리깯녈 → 도리깬녈]

- 도리꾿녈, 도리꼳녈, 도리껃녈, 도리깓녈, **도리깬녈**, 도리껟녈,
  도리낃녈, 도리끋녈

뒷윷[뒫 : 뉻 → 된 : 뉻]

- **뒨:뉻**, 된:뉻, 댄:뉻, 덴:뉻, 딘:뉻, 든:뉻, 된:뉻

끝으로, 표준어규정, 표준발음법의 차례 번호와 동일하지 않음을
명시하고자 한다.

참고문헌

권영민, 『우리문장강의』, 신구출판사, 1998.

김균형, 『연기자를 위한 화술 A to Z』, 소명출판, 2008.

김석호, 『발성훈련과 화술』, 숲속의 샘, 2003.

김종길, 『시를 어떻게 읽을 것인가』, 고려대학교출판부, 1998.

김현아, 「Проблема организации обучения сценической речи в Южной Корее(адаптация принципов и методов российской театральной школы) 한국 화술교육 구조의 문제점(러시아 연극교육 원리와 방법에의 접목)」, СПБГАТИ, 2006.

김흥규, 『한국문학의 이해』, 민음사, 1996.

김홍우, 『배우술핸드북』, 지성의샘, 2007.

남기심 · 고영근, 『표준국어문법론』, 탑출판사, 1998.

안민수, 『배우수련』, 헤르메스미디어, 2012.

오광욱, 『연기훈련 그 첫 번째 - 신체훈련(아크로바틱)』, 연극과인간, 2013.

이현복, 『음성학과 언어학』, 서울대학교 출판부, 1996.

이현복, 『한국어의 표준발음; 음성학적 이론과 실제』, 교육과학사, 1998.

척 존스, 『배우를 위한 음성훈련』, 허은 · 김숙경 옮김, 예니, 2000.

최현배, 『우리말본』, 정음사, 1955.

한국예술종합학교 연극원연기과, 『오늘의 무대화술』(화술자료집3), 2002.

한명희, 『연기자를 위한 발성훈련 핸드북』, 예니, 2004.

허웅, 『국어음운학 - 우리말 소리의 오늘, 어제』, 샘문화사, 1985.

Richard Miller, 『발성문제의 길잡이』, 황화자 옮김, 성신여자대학교출판부, 2011.

Алфёрова Л. Д., *Речевой Тренинг / дикцияипроизношение*, СПб. 2003.

Васильев Ю. А., *Голосоречевой тренинг*, СПб. 1996.

Васильев Ю. А., *Тренинг сценической дикции*, СПб. 1997.

Галендеев В. Н., *Голосоречевая тренировка на старших курсах / Теория и практика сценической речи*, Л. 1985.

Галендеев В. Н., *Метод физических дей ствий Станиславского и глубинное порождение речи / Теория и практика сценической речи. Вып. 2*, СПб. 1992.

Галендеев В. Н., *О способности к сценической речи на материале творческого наследия К. С. Станиславского / Диагностика и развитие художественной одаренности*, СПб. 1992.

Галендеев В. Н., *Учение К. С. Станиславского о сценическом слове*, Л. 1990.

Галендеев В. Н., Алферова Л. Д., *Диалоги о сценической речи / Теория и практика сценической речи*, СПб. 2005.

Галендеев В. Н., Кириллова Е. И., *Комплексный метод воздей ствия на голосоречевой аппарат актера / Первый этап обу чения*, Л. 1979.

Галендеев В. Н., Кирилова Е. И., *Групповые занятия сценической речью / Первый Актерский курс*, Л. 1983.

Жинкин Н. И., *Механизмы речи*, М. 1998.

Муравьев Б. Л., *От дыхания - к голосу / Работа над речевым дыха нием актера*, Л. 1982.

Петрова А. Н., *Сценическая речь*, М. 1981.

Савкова З. В., *Как сделать голос сценическим*, М. 1975.

Сценическая речь., *Программа для студентов театральных ВУЗов*, ГИТИС. 2002.